高等院校**通识教育**系列教材

学新生课堂

DAXUE XINSHENG

KETANG

钟一鸣　张强　陈玉芳　廖成中
王娇◎副主编　周凤生◎主编

人民邮电出版社

北　京

图书在版编目（CIP）数据

大学新生课堂 / 张强等主编. -- 北京：人民邮电
出版社，2023.8
高等院校通识教育系列教材
ISBN 978-7-115-62439-0

Ⅰ．①大… Ⅱ．①张… Ⅲ．①大学生－入学教育－高
等学校－教材 Ⅳ．①G645.5

中国国家版本馆CIP数据核字(2023)第150695号

内 容 提 要

新生入学教育是大学生思想政治教育的重要内容，本书围绕大学新生入学后在思想、学业、专业、安全等方面来展开，目的是帮助大学新生顺利度过初入大学的适应期，更好、更快地完成角色转换。本书共10讲，内容包括重新起跑：大学与成才、最初感受：环境与适应、再度思考：任务与策略、全新探索：方法与技巧、全面理解：培养与管理、亲密接触：网络与学习、梦想实现：创新与创业、长远设计：发展与规划、多彩选择：生活与追求及特别关注：安全与防范。

本书既适合作为高等学校新生入学教育公共课程的教材，又可以作为大学新生做好大学学习和生活规划等方面的参考书。

◆ 主　　编　张　强　陈玉芳　廖成中　周凤生
　　副主编　钟一鸣　王　娇
　　责任编辑　李媛媛
　　责任印制　王　郁　陈　犇
◆ 人民邮电出版社出版发行　　北京市丰台区成寿寺路 11 号
　　邮编　100164　电子邮件　315@ptpress.com.cn
　　网址　https://www.ptpress.com.cn
　　三河市兴达印务有限公司印刷
◆ 开本：787×1092　1/16
　　印张：12.5　　　　　　　　　2023 年 8 月第 1 版
　　字数：268 千字　　　　　　　2023 年 8 月河北第 1 次印刷

定价：49.80 元
读者服务热线：(010)81055256　印装质量热线：(010)81055316
反盗版热线：(010)81055315
广告经营许可证：京东市监广登字 20170147 号

前言

党的二十大报告指出，"当代中国青年生逢其时，施展才干的舞台无比广阔，实现梦想的前景无比光明。"当代青年是同新时代中国同呼吸共命运的一代，是全面建设社会主义现代化国家、全面推进中华民族伟大复兴的重要力量。大学是培养高素质人才的摇篮，进入大学学习是每一位青年学子的梦想。来到大学，如何更好、更快地投入新的学习与生活，让大学生涯变为自己一段精彩且丰富的经历，这是初入大学的新生首要思考的问题。

大学是一个多彩的"舞台"，跨进大学校门的每一位学子都将在这里上演美好的大学生活，开启新的人生篇章。为了将党和国家对大学生的殷切期望及时进课堂、进教材、进头脑；同时，为了进一步帮助新生更好地认识大学，使其能力与素质适应新时代社会和经济发展，编者特编写了本书。

本书有以下两个特点：一是，全书行文风格易于大学生接受，讲解时站在学生的角度，具有较强的亲和力，能激发学生的阅读兴趣；二是，全书内容紧跟时代步伐——结合社会和经济发展和学生实际情况，同时遵循高等教育规律及学生学习成长规律。

希望大学生阅读本书，能进一步了解大学的起源、演变和发展历程，科学认识上大学的目的和意义，明确大学学习的目标和任务；进一步领悟大学生活与中学生活的不同，通过锻炼提升主动学习、生活的能力；进一步把握大学学习规律，找到适合自己的学习方法；进一步理解大学培养体系、学分制管理和学业规划的重要性，找到学业及人生规划的方法并掌握其要领；在充分了解、体验丰富多彩的大学课余文化生活的基础上，进一步培养对生活的热爱，处理好自己与他人和身边事物的关系，去拥抱多彩的大学生活，努力成长为能担当民族复兴大任的时代新人。

大学不是学习的终点，而是学习乃至人生新阶段的起点，这是一次登高望远，一次实践求索，一次知识积累，一次本领练就。编者期待本书能成为广大青年的良师益友，在充满激情的大学生活中成为大学生的一把开启智慧之门的钥匙、一座通向美好生活的灯塔。

编者

2023 年 7 月 18 日

目录

CONTENTS

07 | 第七讲
梦想实现：创新与创业 / 105

08 | 第八讲
长远设计：发展与规划 / 123

09 | 第九讲
多彩选择：生活与追求 / 138

10 | 第十讲
特别关注：安全与防范 / 158

第一讲

重新起跑：大学与成才

当拿到录取通知书的那一刻，你的身份就发生了重要变化——你已成为一名大学生。刚刚成为大学生的你肯定对大学生活充满了期待与好奇。在步入大学校园的最初一段时间里，你可能对大学的认识是校园又大又美，自己拥有很多可自由支配的时间，可以参加丰富多彩的校园活动，但是这仅仅是大学生活的一小部分。

第一节　何谓大学

　　大学除了有美丽的环境、现代化的设施、各式各样的文体活动等之外，还应该有什么？

一、大学的内涵及演变

（一）大学的内涵

　　"大学"一词最早出现在《礼记·大学》中，其开篇指出："大学之道，在明明德，在亲民，在止于至善。"这里所说的"大学"，主要是指治学和治理国家的一些道理。《简明不列颠百科全书》对大学的定义："大学是高等学府，通常包括文理学院、研究生院和专业学院，并有权授予各个学科领域的学位。"《现代汉语词典》对大学的定义："实施高等教育的学校的一种，包括综合大学和专科大学、学院。"在英文中，"大学"一词为"university"，是由"universe"（宇宙）这个词的前身 universus 派生而来的。在中世纪，拉丁文"universitas"被用来指由教师和学生构成的新联合体，比如在萨莱诺、巴黎和牛津出现的联合体，这类联合体即为今天大学的最初形式。

　　大学的内涵是人类在思想逐渐进步的过程中提炼出来的，包括以下 4 个方面：其一，大学是育人之所，是培育具有健全人格的人才的摇篮；其二，大学是探索研究科学的重地，其研究范围包括宇宙万物，能回答有关世界根本的问题，涉猎广泛，意义重大；其三，大学是知识的辐射源，是社会思想、文化的辐射源，能够为各学科知识、社会先进思想与文化等的建设与传播贡献力量；其四，大学不仅是专业人才的出产地，也是学术成果的诞生地，不仅对推动社会发展大有帮助，而且自身也具有巨大的发展潜力。

（二）大学的演变

　　大学作为一种学术机构，有着悠久的历史，在西方，古希腊哲学家柏拉图于公元前 387 年在雅典附近的阿加德米建立"阿加德米学院"，教授哲学、数学、体育，该学院被一些人认为是欧洲大学的早期形式，以及当代大学的雏形。

在中世纪大学阶段，大学是教师和学生为了维护共同利益，以形成思想和传授思想为业而形成的行会。这个时期的大学在教师、学生、教学体制、考试及取得学位的程序、行政管理机构等方面均形成了一定的规范。

在现代大学阶段，大学把培养学者和促进学术发展看成自身的目的，从而确立了发展科学的职能。为此，人们提出了"大学自治与学术自由""教学与科研相统一的原则""学与术分家"等观点。

在巨型大学阶段，大学的职能不仅仅是培养人才和发展科学，也包括服务社会。大学的服务社会职能既包括促进地区经济的发展，提升当地人民的综合素质，也包括引领社会主流进步思想与文化的传播与发展。

二、大学的精神

大学精神的核心是育人。育人的第一要务是培养学生对国家、民族的责任感及其追求、探索、创新等精神。具体来说，大学精神是一种在一定的历史时期和历史条件下积淀形成的稳定、长期的理想信念，是对大学生的发展乃至整个社会的发展起到关键作用的思想导向。

从学术层面来看，大学精神是一种不媚俗的精神，既是潜心向学的学术精神，又是引领社会、敢于不随波逐流的批判精神。在保障大学的高水准方面，大学精神比任何设施、任何组织都更有效。

从时代发展层面来看，大学精神是广大青年要肩负历史使命，坚定前进方向，立大志、明大德、成大才、担大任，努力成为堪当民族复兴重任的时代新人的精神。

（一）坚定的爱国精神

爱国是中华民族的优良传统，爱国精神也一直贯穿大学精神。在国家危难之际，无数青年走上街头，投入民族解放斗争，这从五四运动就可以看出。这一精神一直延续至今，也是当今大学精神的脊梁。例如，当年的西南联合大学中走出了一批又一批的有为青年，他们怀着强烈的爱国精神与理想主义精神，在黑暗中摸索方向，以学术成果造福中国，让中国的科学与文化之河得以不断奔流向前。

爱国理所当然，因为国家为我们提供了安全的生活环境、良好的经济环境。

有国才有家，有家才有我，国家生我育我，我亦当为国家奉献终身。爱国，是德之源、立功之本，是所有国民都应该具备的道德素质。青年大学生更加应该树立爱国精神，在全面建设社会主义现代化国家的新征程中，要勇于承担自身的责任，开拓进取、求真务实。

（二）包容的自由精神

自由精神是大学中重要的精神品质，是指自由的意志和独立的精神。自由并不表示可以为所欲为地做任何事情，自由精神也不是指毫不限制与控制自己的言行举止。恰恰相反，自由精神追求的是对言行举止的有限节制和对真理的无限追求。

蔡元培在担任北京大学校长期间就提出了中国现代大学的 3 项基本原则：第一，大学应当是独立的和自主的；第二，大学应当具有思想自由和学术自由的特点；第三，大学学术与思想自由需要相应自由的社会政治环境。

大学精神中的自由精神是在树立爱国精神的前提下，追求学术发展，实现思想和文化等方面的探索发展的精神。

（三）理性的独立精神

独立精神与自由精神有着密切的关系，但是又有着不同的内涵。世界著名大学的发展经验一再证明，大学只有具有自己的独立品格和精神，才能成为知识创新的阵地。独立精神之所以在大学精神中具有重要地位，是因为大学是探讨高深学问的学术机构，而学术的意义之一是要促使人具有批判性的独立思考思维及自我觉知。

（四）敏锐的时代精神

处在时代前沿的大学能够预见并感应到社会潮流的前奏，成为社会潮流的引领者，使社会潮流之声最终成为时代的最强音。大学正是因为紧紧把握住了时代的脉搏，才赢得了自身的持续发展和地位的逐渐提高。

在我国，大学的发展是时代的产物，大学的时代精神更是顺应社会发展而产生的。例如，提到北京大学，我们自然会联想到京师大学堂、五四运动、李大钊、蔡元培、马寅初等一系列的人和事。

步入新时代，大学的时代精神，是指把奋斗精神和青年发展相结合，促使大学生把个人梦融入中国梦，不断提升自己、实现自身价值，不负韶华，不负初心，不负梦想，为中国梦的实现添砖加瓦。

（五）自觉的学术精神

学术即大学的立命之本。大学处于整个学校教育体系的最上层，一直以来都被称为传承、批判和探索学问的殿堂。大学的起点首先应该是学术研究。

清华大学原校长梅贻琦曾说过："所谓大学者，非谓有大楼之谓也，有大师之谓也。"而大师就以探究学问为根本。蔡元培就职北京大学时，向前来求学的北大学子提出殷切的期望，指出"大学者，研究高深学问者也"，即大学是研究高等学问、专业知识的地方。

学术精神首先是一种理性精神。所谓的理性精神，就是人们在学术研究中追寻自然科学、哲学等科学真理时，要保持理性的思考，形成理性的认识，绝不能因为自身的喜好、所处的环境等轻易发生改变。

学术精神也是一种奉献精神。这种奉献精神既是指在学术研究的过程中能够牺牲个人的利益，如时间、金钱等，更是指一种造福人类的精神、一种为人民服务的精神。一个学者要将自己的学术研究活动不断向前推进，必须具有造福人类的博大胸怀和无私奉献的精神。

学术精神也是一种奋进精神。学术研究是一个曲折的过程，是呈螺旋式上升的过程，毕竟真理是难以一下子就认识和掌握的，我们在这一过程中难免要经历挫折。这时我们就要坚守奋进精神，让学术研究成果经受住时间和实践的检验。

（六）不懈的创新精神

一部人类文明史，从一定意义上说就是人类不断创造、勇于创新的历史，正是人类永不停息的创造活动推动着历史不断进步。大学拥有的高层次智能资源和学术氛围，以及综合性的学科结构有利于新的学科、思想和理论产生。因而，组织并开展开拓性、超前性、综合性的知识创新，是大学的基本使命。

大学精神有着丰富的内涵，对大学的生存与发展起着至关重要的作用。世界上的知名大学都有自己独特的大学精神，这不仅是一笔宝贵的财富，也是大学魅力之所在，更是大学持续发展的动力。在我国建设世界一流大学的道路上及在大学之间的竞争愈演愈烈的今天，大学精神的塑造是必不可少且有待加强的一个重要环节。

三、大学的功能

教育学家、北京大学原校长蔡元培先生曾言，"大学者，研究高深学问者也"；英国教育家亨利·纽曼说过，大学的目的就是训练社会的良好成员。从狭义上看，大学是国家的高等教育学府，负责对高中及以上学历者进行教育和培训，并以考试考核的方式检验其所学的知识和技能。

大学的功能正随着人类社会的持续进步及价值取向的变化而不断发生着嬗变，逐渐由单一性向多元性演变，即由单纯的人才培养功能向人才培养、科学研究、社会服务、文化传承与创新、国际交流与合作 5 项功能转变。

（一）人才培养

从本质上来说，大学是培养人的社会活动能力的地方。不论哪个历史时期、哪种类型和层次的大学，都是以人才培养为基本任务的，都通过大学教育来促进受教育者身心健康和谐地发展。从大学的发展历史来看，大学的人才培养功能经历了 3 个大的发展阶段。第一阶段是 1889—1949 年，从清朝到中华人民共和国成立时的通才教育模式；第二阶段是 20 世纪 50 年代至 20 世纪 80 年代的专才教育模式；第三阶段是自 20 世纪 90 年代以来以素质教育思想为导向的通专结合模式，大学人才培养的职能也经历了相应的演变。当前，我国大学要在建设创新型国家中做出自己的贡献，必须在人才培养的工作中持续发力。

此外，人才培养既包括精神和社会道德层面的培养（以让人才身心健康、具有良好品德），也包括对生存技能的培养。

（二）科学研究

科学研究是大学的重要功能和活动，大学通过科学研究能为国家培养全面发展的人才，能够对教学内容进行及时补充和更新。大学自产生以来就担负着教学、科研的职能，并相应地发挥着知识创新和知识应用的作用。如果说大学在以前，主要侧重于发挥知识传播功能，那么在当代知识经济社会，大学必须把科学研究功能放在十分重要的地位上。其原因包括以下两方面：一方面，大学的知识传播功能可以部分地被网络和社会培训所替代；另一方面，教学水平的提高、知识应用功能的增强已变得越来越依赖于新观念、新理论、新方法、新技术的支撑和推动，要提高教学水平和知识应用能力而没有强有力的科研成果和知识创新的支持，将是十分困难的。因此，21 世纪的优秀大学要把科学研究功能的增强和发挥放在更加突出的地位。

（三）社会服务

《国家中长期教育改革和发展规划纲要（2010—2020 年）》明确提出："高校要牢固树立主动为社会服务的意识，全方位开展服务。"大学的社会服务功能，是指大学直接参与经济建设和促进社会发展的功能。大学将创新知识用于经济建设是大学社会服务功能主要的体现形式之一。因此，大学要走产、学、研相结合的道路，积极而广泛地促进科技成果的转化。在我国的大学中，将科研成果转化为生产力已初见成效，随着"双创 2.0"的到来，国家大学科技园也被赋予了全新的内涵和任务。未来国家大学科技园将成为科研成果转化的重要平台，以及各地经济转型升级、新旧发展动能接续转换的重要载体。在双创背景下，全国各地的国家大学科技园将大学的综合智力资源优势与其他社会优势资源相结合，为大学科技成果转化，高新技术企业孵化，创新创业人才培养，产、学、研结合提供支撑的平台和服务，为社会服务做出十分突出的贡献。

（四）文化传承与创新

文化传承是大学的基本功能之一，它有以下两项主要内容：一是，要求大学对人类社会长期积累的文化进行严格的选择、加工和整合，充分发挥大学对人类文化的积淀作用；二是，要求大学通过教育、教学活动，以其培养的人才为载体把人类社会长期积累的文化传承下去。

我国的大学从诞生之日起就与中华文化产生了深刻的联系。一方面，中华文化对大学施加了巨大的影响，集中表现在思维习惯、价值观念、民风民俗和行为差异等方面；另一方面，大学具有自身的文化价值，大学是在积淀和创造的深厚文化底蕴的基础上传承、研究、融合和创新高深学问的高等学府。大学通过人才培养、科学研究和社会服务把传承文化与创新文化的过程结合在一起。在大学里，大学生学习、掌握包括中华文化在内的人类文化，延续与传承人类社会长期积累的文化成果。而且，大学教育的过程和结果都不是简单的复制，必然包含着创新，大学培养出的人才是具有创造活力的、能够实现文化创新的人才，他们能创造出新的文化成果。

（五）国际交流与合作

《关于加强和改进新形势下高校思想政治工作的意见》将"国际交流合作"列为大学的重要使命之一，因此，国际交流与合作可以理解为大学的第五项功能。大学的国际交流与合作功能集中体现在大学是教育开放的窗口、国际化人才输出的摇篮、国际化人才引进的阵地和国际科技合作的支撑。

国务院原副总理刘延东在出席中美大学校长论坛之际指出，在中美关系发展过程中，人文交流始终发挥着"正能量"和"暖力量"作用，与政治互信、经贸合作一起构筑起促进两国关系的三大支柱。可以说，人文交流是促进两国人民相知相识的"探路者"、加强各领域合作的"铺路者"、深化两国关系的"推动者"。这也从侧面说明了大学国际交流与合作功能的重要性。

在"双一流"建设国际研讨会暨北京论坛（2018）的开幕式上，国务院原副总理孙春兰指出，改革开放 40 年来，中国高等教育实现跨越式发展，对经济社会发展发挥了重要的支撑引领作用。她希望中外高校深化务实合作，密切师生交流互访，联合培养更多具备全球视野、担负社会责任、秉持科学精神的优秀人才，携手创造更多引领未来、造福世界的科研成果，共同提高高等教育治理水平，搭建深化人文交流、促进多样文明互学互鉴的桥梁纽带。

大学的国际交流与合作功能为教育开放开辟了一个重要窗口。教育开放一方面有利于本国教育"走出去"，另一方面有利于他国教育"引进来"。我国大学通过与国际上的大学、研究机构开展知识交流、人才交流与科研合作，推动我国教育在世界教育、科技舞台上展示，彰显我国教育大国、科技大国的形象，同时也将国外先进的教育理念和科学技术引入我国教育体系，促进我国教育和科技水平的提高。

每年我国各大学都通过各种形式的措施和激励机制引进大量国际化人才，这不仅实现了出国回流人数的增长，也吸引了大量国外高科技人才来华工作。

大学的国际交流与合作功能为我国科技的国际合作提供了重要支撑。目前，我国已经在国家自然科学基金委员会等的资助下产生了众多国际合作项目，大学是建设这些项目的重要主体。项目开展过程涉及多层面的合作，大学显然在其中发挥了重要作用。

第二节　为何上大学

　　当我们懂事的时候，父母就常对我们说，好好学习，长大了一定要上大学。从此，考上自己满意的大学就成为许许多多年轻人的理想与追求。然而当考上大学的时候，我们是否认真思考过：为什么要上大学？思考和回答这一问题有利于我们明确大学阶段的目标，制订科学合理的学习计划，获取所需的知识和能力，为自己的人生奠定良好的基础。

一、上大学的缘由

　　为什么要上大学？人们对于这一问题的回答是随着社会和时代的不断变迁而变化的。总体来说，答案可归结为以下 3 个方面。

（一）上大学是社会和时代的要求

　　在中华人民共和国成立初期，许多科学工作者放弃了国外优厚的待遇，毅然回国，如钱学森、邓稼先、钱三强等，他们为振兴中华做出了巨大贡献。目前，我国依然面临复杂而严峻的国际形势，面临基本国力需要进一步加强的现实，特别是国民素质有待进一步提高。

　　习近平总书记指出，"青年是整个社会力量中最积极、最有生气的力量，国家的希望在青年，民族的未来在青年"。高校大学生是青年群体中的中坚力量，肩负着实现国家富强、民族复兴、人民幸福的时代重任，广大青年大学生要牢记习近平总书记的殷切嘱咐，抓住时代机遇，树立远大志向，时刻保持昂扬斗志，在实践中淬炼品格、增长本领。青年大学生要勇立时代潮头，积极投身到实现中华民族伟大复兴的征程中去，做新时代的青年追梦人。

　　因此，作为当代青年，我们应该将获取知识和成长成才作为自己的社会责任，作为一种追求与渴望，响应时代的需要和呼唤；同时也应该正确定位，明白自身的发展可以推动祖国的发展。而上大学正是让我们的这些渴望、追求得以满足的首选途径。

（二）上大学是自身智力和能力发展的需求

达·芬奇认为："无论掌握哪种知识，对智力都是有用的，它会把无用的东西抛开，而把好的东西保留住。"我们想要发展自己的智力和能力，必须掌握丰富的知识。因为无论是观察力、记忆力、思维力，还是想象力的发展，都离不开知识的积累，都必须以知识的掌握为基础。我们通过掌握丰富的知识、科学的思考方法和熟练的技能技巧，能促进智力及能力的发展。通过大学期间各种活动的锻炼，我们能够提升各种综合能力，为进入社会做准备。大学时期是青年成长的黄金阶段，在青年成才过程中有着特殊的地位和作用，这一时期青年自身素质的发展状况直接影响和制约着自身创造力的发展。对于大学生而言，大学期间掌握的知识越丰富、越精深、越完善，加工和运用知识的思维方法越正确、越先进，实现创造的技能技巧越成熟、越精湛，那么其优势就越明显。

（三）上大学是开阔个人眼界的重要途径

知识让我们的眼界更开阔，我们能更敏感地感受社会的需要。

大学是获取知识的殿堂，我们在这里不仅可以学到专业知识，还可以学到有可能改变人生观、价值观的文化知识。知识怎么改变命运？大体上体现在以下两个层面：一是，用知识武装头脑、提升技能，改变原来计划好的人生，使人生走向更符合自己的需求、更匹配自己的能力；二是，家庭条件不是特别好的同学通过将所学知识运用于实际工作，可以获得更多的见识、更多的发展机会，进而改善家庭生活质量。

知识又是如何创造财富的呢？知识创造的不仅是物质财富，更重要的是精神财富。对于前者，知识是我们提升自己、获得良好工作机会、进行创业的基础，从而能丰富我们的物质生活。对于后者，知识可以充实精神生活，改善精神体验，使我们获得更加深刻的满足感和幸福感。

二、大学生需要的素质与能力

进入大学后，我们能够获得更加专业的知识，能够促进自己的思想和思维方式不断进步，能够提升综合素质和能力。

（一）专业知识

英国学者培根有言："求知可以改进人的天性，而实验又可以改进知识本身。

人的天性犹如野生的花草，求知学习好比修剪移栽。"青年时期正是人求知欲最为旺盛的时候，正确引导大学生学习知识，对于培养优秀的大学生十分重要。大学主要教授大学生广博扎实的基础知识、精深的专业知识及相关的横向知识和综合知识。基础知识是科学大厦的基石，没有这块基石，科学大厦将无法建成。当代大学生无论树立何种职业理想，选择在何种专业方向上发展，都少不了掌握基础知识。特别是随着科技和经济的高速发展，社会的产业、行业、职业结构调整的速度必然加快，为适应时代的快速变化，当代大学生必须在大学习得广博扎实的基础知识。

大学为广大青年学生提供获取专业知识的途径和场所，通过课堂教学、科学研究、学术探索等形式向学生传授各种学科、门类的科学文化，引导青年人认识未知世界，探求客观真理，推进知识创新，为人类文明的宝库不断增添新的财富，实现创新和发展人类文明的功能。

（二）树立崇高的理想

大学所培养的人才不仅要有很好的专业素质，更应具有良好的思想素质。我们经常会思考这样的问题，为什么在同一所大学学习的大学生毕业或就业后的发展差异较大？为什么毕业后一些同学发展得很好，而另一些同学则发展平平？其原因固然很多，情况也很复杂，但是有一点是不争的事实，那就是有所作为和成就者都是有思想、有准备和有行动的人。其中，有不少的人从小就树立了远大的理想，并坚持不懈地追求着既定的目标。因此，作为一名当代大学生，我们应该树立崇高而远大的理想，认真规划自己的人生，使自己的大学生活更加充实而富有意义。

过去，我们一谈到远大的理想，往往会认为它比较空洞，其实这是片面的。理想源于人的需要，而人的需要又是多方面的。因此，理想也有多个层次。一般，从内容上划分，理想可分为社会理想、道德理想、职业理想和生活理想4个层次。

1. 社会理想

社会理想是社会全体成员的共同理想，是全体社会占主导地位的共同奋斗目标。一名合格大学生应满足的基本条件之一就是具有社会理想，能真正把对自己负责与对他人负责、对社会负责有机地统一起来。

2. 道德理想

一般，道德理想有广义和狭义之分，狭义的道德理想，是指个体所追求的卓越的理想人格和道德发展目标；广义的道德理想，是指理想的社会道德关系和道德状况。就二者的关系而言，道德理想体现的是理想的社会道德状况。我们在大学学习专业知识、掌握特殊技能、提升自己的综合能力的同时，应树立自己的道德理想，继承和弘扬我国优良的道德传统，把自己培养成有德之人。在当今社会，爱国主义、集体主义、实事求是、艰苦创业、大胆革新、乐于奉献等，正是我们所倡导的良好的道德品质。

3. 职业理想

职业理想是随着社会分工的出现而产生的，即由于各种行业或职业客观上存在着差异，如工作条件的优劣、获得利益的大小等，人们产生了对自己将要从事的职业的设计和追求。对于大学生而言，学习的一个重要目标就是帮助自己找到一个满意和适合自己发展的职业。人生的追求、成败得失大部分都体现在职业生涯当中，树立职业理想对于将来的就业有着非常重要的指导意义。每个大学生一定要从自身的实际情况出发，转变陈旧的就业观念。结合自己的素质、性格、特长、能力、潜力，把个人的条件与社会的需求有机地结合起来，是大学生确立职业理想和选择职业时应遵循的基本原则。

4. 生活理想

生活理想是获得理想的生活。生活理想包括人在物质生活、精神生活等方面的理想，涉及人生的各个阶段和各个方面，涉及社会生活的各个领域。由于社会历史条件的不同，人们对生活意义的理解各异，所以会产生不同内容、不同水平、不同层次的生活理想。作为当代大学生，我们应该保持对现状的不满足、对未来有追求的状态，用自己的青春、智慧和力量去创造未来的美好生活。

（三）培养适应社会的综合能力

大学生的能力结构是由多种能力组成的多序列、多要素、多层次的动态综合体。根据目前中国大学的教育现状，结合素质教育的要求和毕业生就业的需求等多方面因素，我们认为，大学生应着重培养自己以下几方面的能力。

1. 自学能力

自学能力是大学生自主学习和创造性学习的基础和重要条件。大学时期是大学生发掘个人潜能的重要时期，也是学习能力养成和提高的重要时期。大学教师的授课方法不同于中学教师，更强调学习的自主性。因此，大学生需要主动地学习，培养自己的自学能力。在知识经济时代，科学技术迅猛发展，知识更新速度之快常常出乎人们的预料，不断学习新知识将成为人们的需要，终身学习将成为人们的一种生活方式。同时，目前有一部分毕业生从事的工作与所学专业并不相关，因此，大学生需要在工作以后依靠自己的学习能力不断学习新知识，以适应社会、单位对自己的要求，跟上科学技术发展的步伐。可见，作为当代大学生，我们应该着重培养自己的自学能力，使自己面对新的事物和新的挑战时，能够通过学习新的知识和技能来应对。

2. 适应能力

适应能力就是善于根据客观情况的变化及时反馈、随机应变地进行调节的能力。如今社会复杂多变，当代大学生若想从学校这个"小家庭"过渡到社会这个"大家庭"，必须增强自己的适应能力。粗略地说，我们在学习、生活中需要适应的主要有以下4点：一是，要适应两次过渡：从中学过渡到大学，尽快适应大学的学习与生活；从大学过渡到社会，做好适应工作岗位的准备。二是，生活水平要与经济条件相适应，即生活上要量力而行，不奢侈、不挑剔，能上能下。三是，要能处理不同的人际关系，能与学历、经历、年龄、性格不同的人友好相处。四是，要能适应顺境和逆境，顺境时要慎，逆境时要忍。

3. 实践能力

在当今社会，具有亲自动手的实际操作能力，善于真抓实干的开拓者，更能在激烈的市场竞争中取胜。因此，大学生在大学期间要充分重视并利用实践性教学环节，如实验、实习等，以及勤工俭学的机会，从而不断增强自己的实践能力。此外，实践能力也是大学生必须具备的一种能力，许多社会活动都需要参与者具备熟练的操作能力。大学生为了增强自己的实践能力，应该多看、多想、多练。看得多，接触得多，自己动手操作的能力才能提高。

4. 人际交往能力

人生活在世上不可能孤立地存在，总要与他人产生一定的关系。人际交往就是人与人之间通过相互沟通、相互利用和相互影响而建立人际关系的一种行为。而部分当代大学生由于交往空间较狭小、交往对象较单一，交往对象之间利益冲突较少，并且交往成功与否对其生活的影响不大，因此不重视培养这方面的能力。现代科学技术的发展为人们的交往提供了便利，极大地扩展了人们的交往空间，同时也促进了交往节奏的加快。人们文化素养的提高使社会交际的礼节性明显增强，使用文明的交际语言和行为进一步为社会所重视。因此，大学生更应该充分注意增强自己的人际交往能力，提高交际效率，拓展交际面，适应社会交际的需要。"己所不欲，勿施于人"是人际交往的最基本原则，在大学校园相对单纯的人际交往过程中，尊重别人、以诚待人是大学生建立友谊、融入集体的关键。

5. 创造能力

良好的创造能力是大学生打开成功之门的钥匙。创造能力是人脑各种功能的集中表现和人的各种能力有机结合后发展出的高级能力，其突出特征是创新。注重大学生创造能力的培养，也是现代高等教育的性质、任务决定的。教育既具有传授已有知识的保守性，又具有开发智力和新知识的创造性。作为当代大学生，我们更应注重对自身创造能力的培养，多投身于社会大课堂，在实践中培养和发展自己的创造能力；应该自觉突破旧观念的束缚，更新思维方式，开发创新兴趣，培养独立的思维能力和创新能力，善于发现问题、分析问题、解决问题，善于将各方面的知识融会贯通，创造出新的知识、新的技术，并应用于新的领域。

不同年代的大学生对于为什么要上大学有着不同的理解。对于新一代大学生来说，上大学不仅是为了求知、为了探索，更重要的是掌握为社会服务的本领，通过上大学来提升自我、实现理想。在大学里，大学生不仅要掌握知识、培养能力，更重要的是树立崇高的理想和追求，不断提升自己的综合素质。

第三节　加强思想建设

思想是开展行动的起点，好的思想可以使我们从一开始就步入正确的轨道；思想也是引领行动的指南，好的思想可以使我们在行动中始终保持正确的方向；思想更是检验行动的标准，我们的行动是否科学、合理需要用正确的思想来检验。大学生需认识到，自己是社会发展的一分子，自己的一言一行都在社会发展中具有一定的影响。因此，大学生要加强思想建设，就要树立正确的价值观、要提高自我管理能力、要树立安全的意识形态、要发扬勤学苦练的精神。

一、树立正确的价值观

2022 年 4 月 25 日，习近平总书记在中国人民大学考察时指出"广大青年要做社会主义核心价值观的坚定信仰者、积极传播者、模范践行者，向英雄学习、向前辈学习、向榜样学习，争做堪当民族复兴重任的时代新人，在实现中华民族伟大复兴的时代洪流中踔厉奋发、勇毅前进。"因此，价值观建设成为大学生在大学学习期间的重要部分。

不同民族、不同国家由于其自然条件和发展历程不同，产生和形成的核心价值观也各有特点。一个民族、一个国家的核心价值观必须同这个民族、这个国家的历史文化相契合，同这个民族、这个国家的人民正在进行的奋斗相结合，同这个民族、这个国家需要解决的时代问题相适应。世界上没有两片完全相同的树叶。一个民族、一个国家，必须知道自己是谁，是从哪里来，要到哪里去，想明白了、想对了，就要坚定不移地朝着目标前进。习近平总书记对青年的价值观问题给予高度重视，2014 年 5 月 4 日在北京大学考察时，他在讲话中指出"青年的价值取向决定了未来整个社会的价值取向，而青年又处在价值观形成和确立的时期，抓好这一时期的价值观养成十分重要。这就像穿衣服扣扣子一样，如果第一粒扣子扣错了，剩余的扣子都会扣错。人生的扣子从一开始就要扣好。'凿井者，起于三寸之坎，以就万仞之深。'青年要从现在做起、从自己做起，使社会主义核心价值观成为自己的基本遵循，并身体力行大力将其推广到全社会去。"

大学生是祖国的未来、民族的希望。大学生的价值观正确与否，不但直接影响大学生个人的成长，也关乎社会的发展，乃至国家的前途命运。当前，中国正处于改革发展的关键时期。一方面，改革发展过程中的各种思想文化相互激荡、碰撞，影响着大学生的价值取向，使得大学生的价值观呈现多水平、多样化的特征。另一方面，随着中国对外开放程度的不断提高，各种外来的思想文化不断渗透，这使得大学生容易产生价值观安全问题。在此背景下，大学生要以社会主义核心价值观统摄、整合多样化的价值观，认知、理解、认同、践行社会主义核心价值观，成为社会主义核心价值观的坚定信仰者、积极传播者、模范践行者。

二、加强自我管理能力

到了大学阶段，相信许多人都能深刻感受到所谓的"自由"：大部分时间由自己分配，大部分的事情由自己选择，大部分的决定由自己考量。我们怎样合理分配时间以充分利用大好年华？我们怎样根据自身发展需要来选择正确的事情？我们怎样锻炼发现真知灼见的本领进而做出科学的决定？这些问题关系到我们的成长、成才，是我们在大学阶段必须面对的重要问题。

这些问题的有效解决需要我们提高自我管理能力。

第一，要有时间意识，要合理分配学习、课外活动、娱乐的时间。大学的学习大多靠自觉，大学生普遍存在的一种现象就是临近考试时通宵学习以应付考试，这是最不科学，也是最不利于我们成长的学习模式。我们要在平时认真听老师讲的每一节课、消化吸收每一个知识点，要深知，我们的每一点技能和知识进步都靠平时一点一滴的积累。我们要对学习过程有深刻的认知：大一时，学好英语、高等数学、计算机等公共课和基础课，争取通过全国大学英语四级考试等，适当参加社会实践、文体活动、公益活动和学生工作；大二时，学好专业基础课程，争取通过全国大学英语六级和计算机等级考试等，积极参加社会实践、科技学术活动、文体活动、公益活动和学生工作，提高自身的综合素质；大三时，学好专业课程，积极参加科技学术活动和专业技能实习，参照社会对职业人员的要求，考取一些相关的职业资格证等；大四时，学好专业课程，做好毕业实习和毕生设计，做好考研或就业等方面的准备。

第二，不要把大量的时间浪费在网络中。网络对于我们而言是一把双刃剑，它会给我们的学习、生活带来大量的便利，但同时也会带来很多负面效应。沉迷网络不仅会消耗我们大量的时间，而且会使我们丧失斗志，甚至让我们找不到人生前进的方向。

第三，要深刻认识自己，对自己有充分的了解。我们需要问自己这样几个问题：我的兴趣是什么？我的特长是什么？我需要什么？我具备什么条件？我将会向什么方向发展？未来我的理想之路在哪里？在大学伊始，我们就应清醒地认识到这些问题，并根据我们对这些问题的回答规划好大学的学习与生活。

第四，要具有合作精神、团队合作意识。我们要深刻认识到合作对于我们的重要作用，合作能力也是我们应具备的重要能力。合作意味着共赢，意味着团队成员的优势互补。我们不但要善于合作，还要在合作过程中锻炼领导能力，为以后步入社会、走上工作岗位奠定基础。

第五，要不断加强自学能力的培养。在大学，学习是自己的事，老师更多起到的是引导作用，更多深入的知识、更广泛的领域需要我们自己去探索。在充分了解自身兴趣的基础上，我们要发扬吃苦耐劳的精神，掌握科学的学习方法，将"自学"作为学习的重要模式。

第六，要树立正确的恋爱观。很多同学在这一阶段将面临感情问题，我们要锻炼自己的感情处理能力，始终牢记大学应仍以学习知识为主，不要因为感情问题贻误学业，更不要因感情问题影响自身的心理健康。

第七，要热爱运动。我们需深知健康的体魄是一切的基础，要积极参加体育锻炼，提高身体素质，加强健康管理。

三、树立安全的意识形态

意识形态可以理解为对事物的理解、认知，它是一种对事物的感观思想，是观念、观点、概念、思想、价值观等要素的总和。意识形态也与社会环境密切相关。我们生活在一个开放而又动态变化的环境中。首先，我们的思想是开放和变化的。但开放的思想并不意味着没有规则约束，我们要深刻认识到社会文化、法律等给人的约束，要有"底线思维"，不要违反一般的行为准则，更不能做违法乱纪之事。其次，我们的国家是开放的。随着我国开放程度的逐渐提高，再加上互联网的普及，我们会接触很多思想观念，有好的，有坏的，有国内的，也有国外的。我们要学会甄别、学会接纳、学会拒绝，对很多不好的思想观念坚决说不。

要树立安全的意识形态，我们需做到：第一，要关注国家大事，尤其要深刻领悟国家重要文件精神、重要领导讲话精神，积极参与相关的讲座、宣传活动；第二，要加强理论学习，不论我们是什么专业，我们都要加强政治理论学习；第三，要有责任感、使命感，将推动学校事业、国家和社会的发展作为自己的重要责任和使命，着眼于大局；第四，要自觉维护国家利益；第五，要正确认识网络的属性，积极提升网络素养水平，对网络不沉溺、抵诱惑、善鉴别，特别是要坚决杜绝网络谣言传播，深刻认知网络在意识形态领域的传播特征。

四、发扬勤学苦练精神

　　一个国家的强盛离不开精神的支撑，一个民族的进步有赖于文明的发展。青年时期是学习的黄金时期，青年尤其要勤奋学习，不学就会落伍，就会被时代所淘汰。青年需要学的东西很多，要注重把所学知识内化于心，形成自己的见解，还要关心国家、关心人民、关心世界，学会承担社会责任。这就需要青年发扬勤学苦练的精神，勤学苦练的精神是坚持不懈的努力、永不放弃的毅力和善于吃苦耐劳的综合体现。只要坚定了正确的方向，我们就要坚持到底，遇到困难不退缩，遇到挫折不畏惧，善于分析问题并找到解决问题的正确方法。

第二讲

最初感受：环境与适应

有了对大学及其精神、功能的认识，我们就对大学有了一个初步的了解，接下来的 4 年我们将在大学校园中度过。以前从小学升入初中、从初中升入高中，我们的学习环境和生活环境均发生了不同的变化，好在那时我们更多的注意力都放在学习上，因此适应起来比较容易。但是到了大学，生活环境、学习环境都产生了显著变化，适应这种变化是我们开始大学生活的第一步，也是十分重要的一步，因为唯有适应才能更好地投入，唯有适应才能使大学生活充满愉悦。我们需要适应气候、饮食的变化，也需要适应独立生活、自主管理的变化，还需要适应新的人际交往、学习模式的变化。适应环境需要我们"笃定目标，重新启程"，也需要我们"鼓足勇气，克服困难"。

第一节　生活的适应

　　大学新生扮演的社会角色、所处的生活环境及所需处理的人际关系等与高中相比，都发生了很大的变化。那么如何才能尽快在转型和重塑的过程中更好地安排自己的日常生活，将是大学新生面临的最直接的问题。

一、地理环境的适应

　　中国是一个幅员辽阔、自然环境复杂、人口众多的国家，各地气候复杂多样、民俗差异明显。对于到异地求学的大学新生而言，怎样适应当地的气候、饮食和语言，是他们要解决的首要问题。

（一）气候的适应

　　南方学生到北方求学，不适应气候变化是常有的事。北方的冬季比较寒冷，很多南方学生没有经历过这样的天气，会感觉不适应，并且应对措施不足，容易患冻疮、气管炎等。而且北方昼夜温差大，冬季是感冒等疾病的高发期。此外，北方气候比较干燥，皮肤容易皲裂，因此及时补充水分并适当采取护肤措施是必要的。

　　北方学生到南方求学，在生活上也会有很多不适应的地方。南方湿热多雨，比较利于细菌生长，物品易发霉。此外，南方潮湿的气候容易导致皮肤过敏等症状，比如脸上、身上长小疙瘩、小红点等，但这些症状一般经过一段时间就会自然消退，我们不必为此产生太多的顾虑和担心，但过敏严重时需及时到医院就诊。

（二）饮食的适应

　　同学们来到大学校园以后要尽快调整自己的饮食习惯。不要挑食、拒食、偏食，建议尽可能吃一些与以前经常吃的食物相同或相似的食物；适量吃一些当地的特色食物或风味食品，尽量适应当地的饮食习惯，这对克服水土不服有一定的帮助。

　　大学生"饮食不良"现象主要表现在两个方面。一是饮食不规律。很多人早晨起床较晚，来不及吃早饭便去上课，有的索性不吃早饭，有的则在课间饿的时候随便吃些零食。二是暴饮暴食。大学生主要在食堂就餐，但食堂的就餐时间比较固定，常有大学生由于学习或其他原因错过了就餐时间，于是就吃点饼干、方便面等简单对付，等到下一个就餐时间再吃双份。研究证明，早餐吃饱、吃好对维持血糖水平很必要，用餐时不能挑食、偏食，还要多吃水果和蔬菜。

大学生要想快速适应学校所在地的饮食，首先应该养成良好的饮食习惯，一是，合理分配一日三餐的食量，分配要适应生理状况和工作需要。最好的分配比例应该是3：4：3。如果一天吃1斤粮食，则早晚各吃3两，中午吃4两比较合适。二是，荤、素搭配适当。荤食中的蛋白质、钙、磷及脂溶性维生素的含量高于素食；而素食中不饱和脂肪酸、维生素和纤维素的含量又高于荤食。所以，荤素适当搭配，才有利于健康。三是，不挑食和偏食。人体所需要的营养物质是由各种食物供给的，没有任何一种天然食品能包含人体所需要的全部营养物质。单吃一种食物，不管吃的数量多大，营养如何丰富，也不可能维持人体的健康。因此，在饮食中，不可长时间挑食或偏食。四是，不暴饮暴食。俗话说"若要身体好，吃饭不过饱"，这是有一定道理的。暴饮暴食不仅会破坏胃肠道的消化吸收功能，引起急性胃肠炎、急性胃扩张和急性胰腺炎，且由于膈肌上升，影响心脏活动，还可诱发心脏病等，患者如果抢救不及时，会发生生命危险。所以，大学生在任何时候都不要大吃大喝、暴饮暴食。

（三）语言的适应

大学新生在大学校园里应尽量用普通话进行交流，以使自己消除陌生感，这也有利于大学新生角色的转变。

对语言的适应并不太难，大学新生在平时的生活和学习中，应多向字典学习，向普通话好的同学学习，尽量掌握标准的发音方法，并通过不断的训练适应新的语言环境。如果能和其他同学结伴练习普通话，互相纠正，互相促进，大学生学说普通话的效果就会更好。

除此之外，掌握一些必要的地方方言也有助于大学新生适应新的语言环境。比如，出门办事或上街买东西时，大学生都可能要与讲方言的当地人打交道，如果会说当地的方言，交流起来会更方便。

二、校园环境的适应

很多大学新生都是第一次远离家乡，要独自面对陌生的环境，面对和以往高中时期完全不同的课余生活和管理方式，因此要做好对校园环境的适应。

（一）独立生活的适应

许多人在中学时代都住在家里，拥有属于自己的独立生活空间，饮食起居一般都由父母安排。而大学生活是集体生活，住寝室、吃食堂，凡事都要靠大学生自己处理。这种改变对缺乏独立生活能力的大学新生而言是个挑战。其中，大学新生特别要注意理财和妥善保管个人物品。

在大学生活中，大学生需要有理财的意识和能力。有的家长把一个学期的生活费一次性交给大学生，对于第一次独自支配这样一笔钱，又没有家长监督的大学生而言，进校一个星期后就用掉半年生活费的情况屡见不鲜。因此，合理安排每月生活费，避免盲目冲动性消费就显得尤为重要。大学生首先应留足每月的基本生活费，并根据需要适当添置日常生活用品；然后可依据自己的实际情况决定其他物品是否购买。

个人物品的保管对于部分大学生来说也是一个挑战，尤其是有的大学生喜欢乱扔乱放，对贵重物品不设防，这一方面会给他们自己增添烦恼，另一方面也会给品行不良者提供方便。大学环境复杂，我们要保管好贵重物品，以防丢失。

（二）课余生活的适应

中学时代，学生基本上是从家门到校门，学习几乎是生活的全部内容。而进入大学，大学新生就从一个"小天地"来到"大世界"，各种社团组织、兴趣小组层出不穷，社会实践、文化科技等活动丰富多彩，跨班级、跨专业、跨年级的联系和交往更加频繁。从第一课堂到第二课堂，从校园生活到社会生活，大学生活的内容大大丰富。

大学除了日常的教学活动之外，还有各种各样的讲座、讨论会、学术报告、文娱活动、社团活动等，这些活动对于大学新生来说的确令人眼花缭乱。因此，大学新生要合理地安排时间。首先，应对自己近期可参加的活动有一个理智的分析，看看自己近期内要达到哪些目标，长远目标是什么，自己最迫切需要的是什么，各种活动对促进自身发展的意义又有多大，等等。其次，应根据活动做好时间规划，并且在执行过程中不断调整。大学新生可以专门制订一份休闲计划，妥当安排休闲时间，保证休闲和学习有条不紊地进行，使身心得到放松和调适。除此之外，大学新生要留出足够的时间进行体育锻炼，最好能根据自己的身体状况等制订出一份体育锻炼计划。拥有一个健康的身体是从事一切活动的"本钱"，也是一个人保持心理健康的物质基础。

大学新生要善于利用课余时间开展一些有益的文娱活动，也可以培养自己的多种兴趣爱好，使生活充实丰富。这样大学新生既可以排遣烦忧、保持愉悦，又可以获取知识、增长智慧，这对保持身心健康也非常有利。

（三）管理方式的适应

中学对学生各方面的管理都很严格，学生的言行受到老师严格的管束。而大学主要依靠学生进行自我管理和自我约束，尽管有辅导员、班主任，但是老师对学生的管理要宽松得多。在大学中，辅导员、班主任的职责主要是把握方向，通过引导学生自觉遵守校规校纪、开展各种活动来发展学生的自主、自立、自理能力，达到让学生自我管理的目的。

因此，大学新生要适应新的管理方式，对自己的学习、生活等方面进行自我规划、自我管理。

三、人际交往的适应

人际交往是人们为了传达思想、交换意见、表达感情、体现需要，通过彼此相互接触，在心理和行为上相互影响的过程。大学生的人际交往包含多重人际关系。

（一）主要人际关系及其适应

大学期间，大学生的主要人际关系包括同学关系、师生关系、朋友关系、恋爱关系、家庭关系等，大学生要在大学期间适应各类人际关系，学会人际交往的方法。

1. 同学关系

同学关系，是指在学校中，人与人之间彼此通过思想、感情、行为所表现的吸引、合作、竞争等的互动关系，是作为正式群体的班级和校园内部的学生之间的关系，具体又包括校友关系、班友关系和室友关系。这种关系是大学生最重要、最基本、最稳定的人际关系。大学生在处理同学关系时要注意把握好以下几点。

（1）要正确处理好竞争与友谊的关系。在培养竞争意识的同时，要采取正确的竞争态度和方式。要在竞争中发展友谊，在友谊中促进竞争。

（2）要正确处理好与异性同学的关系。交往双方一定要相互信任、相互尊重，要从思想和行为上分清友谊与爱情，并且应多在集体活动中交往。

（3）要正确处理与不同性格的同学的关系。大学生常常来自五湖四海，各自的性格可能各有所不同。在交往的过程中，大学生要真诚、宽容，学习与不同性格的人交往的技巧。

2. 师生关系

在师生关系中，老师应该是学生的良师益友，要关心、尊重、爱护学生，学生应有主动、积极的态度。大学老师是学生迈入社会前重要的支持者，积极主动地寻求老师的指点、帮助和支持，对大学生的成长意义重大。那么，大学生应如何维护良好的师生关系呢？

（1）尊敬老师，积极交流。师生关系是互动关系，大学生尊重老师，将得到老师对自己的尊重。这要求大学生在学习、生活、为人处世等方面，真诚地与老师交流。

（2）加强自律，理解老师。大学生要避免过度自由、做事随便。大学生应认清自己学生的角色，要理解老师的教学安排和教学目的，不可随意逃课，要加强自律，按时上课，完成课业任务。

（3）在专业学习中多交往。在大学，老师与学生的交往比较多的发生在教学过程中。大学生应多请教，多与老师讨论，从而提高分析和解决问题的能力，也可在请教中为老师提供些力所能及的帮助，增进对老师的了解，构建和谐的师生关系。

（4）采取灵活多样的沟通方式。大学生应当充分利用各种沟通方式，如短信、电话、信件、面谈、参与班级活动等与老师、同学保持良好沟通，维护关系稳定，尤其是要充分利用网络沟通渠道。

3. 朋友关系

在大学生的人际交往中，朋友是十分重要的交往对象。大学生应如何处理好朋友关系呢？

（1）以诚相待，彼此真诚。对待朋友不能虚情假意、虚与委蛇。但朋友之间应允许有各自的私人空间。

（2）信守诺言，互信不疑。"信"被古人奉为为人处世恒常不变的美德。孔子说："与朋友交，言而有信。"信，首先是指守信，即说到做到，一诺千金，言而有信；

其次是指信任，即相信朋友，不无端猜疑。

4. 恋爱关系

如何处理好恋爱关系，是许多大学生十分关心的一件事，以下是两点建议。

（1）大学生在恋爱关系中要做到坚守原则，自尊、自爱、自重。恋爱关系是双方平等的关系，大学生千万不能在交往过程中违背做人的原则，更不能做出过激的事情。恋爱双方要相互尊重，注意交往的方式，培养健康有爱、积极向上的交往意识，树立正确的恋爱观念。

（2）爱情不是自我封闭的二人世界。很多人都认为爱情是一个可以隔开外界的纯粹的二人世界，这显然是错误的理解。许多大学生一旦有了恋爱对象，就开始和室友、同学、集体拉开距离，沉浸在二人世界里，不和室友聊天，不和同学接触，不参加集体活动，等等。这种不正确的恋爱态度，会让大学生失去很多其他方面的机会。

5. 家庭关系

大学生与父母的联系主要通过电话和网络等间接方式进行。有些大学生只有在发生"经济危机"时才会想起家庭的温暖，这就使得家庭对他们的影响进一步受到限制。随着时代的变迁，新时代的大学生难免会在某些方面与父母一辈有不同的想法，如生活理想、生活方式、个人发展等，也就是存在所谓的"代沟"。

大学生应试着经常与父母谈心、交流，遇到有矛盾的地方，双方可心平气和地谈话解决。大学生也可以试着寻找和父母的共同话题，比如多关注和留意父母最近感兴趣的事，找到共同讨论的焦点。代沟是父母和子女之间无法避免和消除的界限，但这条界限也不是不可跨越的。大学生要学会设身处地地站在父母的角度思考问题，要懂得父母的处境和难处并试着去理解和体谅他们。大学生只有学会换位思考，才能真正懂得"可怜天下父母心"，也才会真正懂得感恩。

（二）人际交往的原则和技巧

人际交往的核心有两个：一是合作，二是沟通。我们要培养人际交往能力，首先要有积极的心态，要理解他人、关心他人，在日常活动中要主动与他人交往，不要消极回避，要敢于接触，尤其是要敢于面对与自己不同的人，不要因各种理由封闭自己；其次要从小事做起，注意社交礼仪，注重细节，避免失礼；最后要加强人际交往方面的知识积累，在实际的交往活动中体会、把握人际交往中的各种方法和技巧。另外，我们要认识到在人际交往中，打动人的往往是真诚，彰显自己的真诚才能实现与别人的合作和沟通。

1. 人际交往的原则

（1）平等原则。在人际交往中，我们要坚持平等原则，明确交往双方没有高低贵贱之分，切忌在交往时感到自卑或自大，这些心态都将影响人际交往的顺利开展。

（2）相容原则。在人际交往中，我们要做一个心胸宽广的人，包容他人的缺点与不足。求同存异、互学互补，处理好竞争与相容的关系，更好地完善自己。

（3）互利原则。人际交往是一种双向行为，故有"来而不往，亦非礼也"之说，只有单方获得好处的人际交往是不能长久的，所以交往双方都要付出和奉献。

（4）信用原则。交往离不开信用，讲信用是指一个人诚实、不欺、信守诺言。"一言既出，驷马难追"，我们在人际交往中不应轻易许诺，一旦许诺，就要设法实现，以免失信于人。

（5）宽容原则。人际交往中双方往往会产生误解和矛盾，这就要求我们在人际交往中不要斤斤计较，而要谦让大度、克制忍让。宽容克制并不是软弱、怯懦的表现，相反，它是有度量的表现，是建立良好人际关系的润滑剂，能"化干戈为玉帛"，让我们赢得更多的朋友。

2. 人际交往的技巧

（1）记住别人的姓名，主动与别人打招呼，称呼要得当，让别人觉得备受重视。

（2）举止大方、坦然自若，使别人感到轻松、自在。

（3）培养开朗、活泼的个性，让别人觉得与你相处是愉快的。

（4）培养幽默风趣的言行，做到幽默而不失分寸，风趣而不显轻浮。

（5）做到心平气和，不乱发牢骚。这样不仅自己快乐，别人也会心情愉悦。

（6）要注意发挥语言的魅力，多安慰受创伤的人，鼓励失败的人，夸奖取得成就的人，帮助有困难的人。

（7）处事果断、富有主见、精神饱满、充满自信的人容易赢得别人的信任，产生使人乐意交往的魅力。

总之，每个人生命的主宰其实就是自己。人际交往的关键是你要有所改变，要有强烈的成功欲望。希望大家能通过对人际交往原则和技巧的认识与理解，找到合适的方法培养自身的人际交往能力，改善自身的人际关系。那些在生活、学习、工作中不愿交往、不懂交往、不善交往的同学，应注意改善自身形象，以积极的态度和行为进行人际交往，建立和谐的人际关系。

第二节　学习环境的差异

大学新生刚从中学进入一个崭新的学习环境，自然会在学习上感到诸多的不适应，因此充分了解和认识大学与中学在学习上的差异、大学学习资源的多样性及评价体系的多元化，对大学新生今后的学习和发展至关重要。

一、学习的差异

大学和中学在学习方式、教学方式、学习地点、日常学习等方面均存在差异，了解这些差异有助于大学新生更好地适应大学的学习环境。

（一）学习方式的差异

中学阶段的学习内容、学习时间，甚至学习计划都是由老师安排的，学生只需要按老师的安排执行就可以了，学习效果也主要由老师进行检查。而大学的教学过程更富有研究性、探索性，学生在学习过程中更需要发挥主动性、独立性和创造性。大学最主要和最基本的特点，就是更强调学生自学和独立思考的能力。学习的各方面大部分由学生自己掌握，老师的直接指导减少，这种巨大的变化需要学生有较强的自学能力，这对大学新生来说是不小的挑战。

（二）教学方式的差异

中学老师上课讲得非常仔细，大学老师上课讲得较快，教学内容需要学生自己去消化。教学方式的差异要求大学新生转变学习思维模式，课前预习、课后复习，做好充分的准备。

（三）学习地点的多变性

大学里的学习地点与中学的不一样，而图书馆、网吧、宿舍、自习室等不同学习地点对应不同学生的学习需求。因此，大学新生应了解图书馆、网吧、宿舍、自习室等不同学习地点所能提供的功能，能满足的学习需求，了解如何通过多种渠道获取更多的信息，进而提高自己的学习效率和学习质量。

二、获取学习资源的途径

通常，大一的课程安排得较为宽松，很多同学下课之后就不知道该怎样安排自己的时间了，更不知道该如何在大学里汲取各种知识，其实他们忽视了大学里可以利用的多种多样的学习资源。

（一）广泛和同学交流

孔子曰："三人行，必有我师焉。"大学4年，与我们朝夕相处的正是我们的同学。从他们每个人身上，我们都能发现不少闪光点，如果能够做到取长补短，那将是非常大的收获。

同学不但是我们的学习伙伴，也是我们获取知识的一个来源。如果细心观察、虚心请教，我们能从这些优秀的伙伴身上学到很多知识。遇到困难，看看别人怎样处理类似的情况，对自己会有很好的启发。就不懂的问题请教身边的同学并不是丢人的事情，这反而能增进同学之间的感情。而且，请教同学也是得到答案较快的方式之一。正所谓"闻道有先后，术业有专攻"，每个人专长不同，对问题的理解和认识也不尽相同，只要互帮互学，大家就能共同进步。

学长们的经验和教训对我们的帮助是很大的，尤其是本专业的学长，他们经过了专业课程的学习和考试，对课程内容本身、学习重点都有所了解。我们可以向他们请教课程的重点内容，学习时要注意哪些问题，以及什么知识或能力在今后更实用，这样可以让我们在学习中少走弯路。

（二）虚心向老师请教

作为课堂学习的延伸，大学生要善于向老师请教，勇于提出问题。不论是学习方法、技巧方面的问题，还是课程内容方面的问题，或者是老师的研究领域方面的问题，甚至是有关为人处世方面的问题，都可以与老师进行探讨。不要为自己的问题可能太幼稚而担忧，只要这一问题是你经过深思，四处寻找答案而"百思不得其解"的，就可以提出来，老师是乐于"传道授业解惑"的。

一般，我们向老师请教的大多是学习方法和工具方面的技术性问题，比如学好本门课要看哪些参考书，学好本门课的关键、学习方法和思维方法是什么，该如何进行课题研究，等等。千万不能把问题堆积起来或者忽略，尤其是在一些关键问题上要向老师多请教。提出问题正是研究的开始，我们要锻炼自己提出问题的能力，多向老师请教，然后慢慢培养自己解决问题的能力。

（三）充分利用图书馆

大学的学习资源很丰富，图书馆就是一个重要的学习资源获取渠道。大学的学习离不开图书馆，能否很好地利用图书馆，几乎就意味着你的大学学习能否成功。每所大学都有自己的图书馆，有些大学甚至拥有专属于院系的图书资料室。不同大学图书馆的藏书内容和分类方式会有所不同，但是一般都会有一些常规的阅览室，如报刊、工具书、社科类阅览室等。大学新生办理阅览证、借书证之后，不妨先去图书馆大致浏览一番，弄清楚怎样使用电子检索系统找到自己想要的书，怎样浏览图书馆新进的书，各个阅览室都有哪些方面的书，一次可以借阅几本书，续借有什么要求，怎样预约书，等等。

图书馆有两种"泡"法：一种带有非常强的目的性，如阅读老师在课堂上推荐的专业书，为了写论文查阅资料，或者从自己的兴趣点出发，有意识地检索某一方面的书；另一种则有一定的随意性和娱乐性，如没课的时候到图书馆写写作业、看看小说，或者到期刊阅览室翻翻报纸和杂志。

（四）积极参加学术讲座

为了增强学术氛围和活跃学生的思维，以及扩大学生的知识面和丰富学生的课余生活，大学经常举办各种各样的学术讲座。这些讲座内容丰富、形式各异：有展望性的，如介绍现代科技发展动向；有思想性的，如评价各种哲学思潮；有知识性的，如介绍中外历史和世界地理；还有文艺性的，如文学作品分析、音乐名家介绍及名曲欣赏等。学术讲座也是大学生获取学习资源的重要途径，大学生身处大学校园且有这样的便利条件，如果能尽量多听讲座尤其是高质量的讲座，一定会有更多的收获。

（五）善于利用网络学习资源

网络由于能够提供多样化的学习资源和呈现方式，对来自多个渠道的信息进行加工，以及实现一对一、一对多、多对一、多对多的交流，因此蕴藏着突破教育资源限制，实施因材施教的潜能，可以满足不同学习水平或学习方式的大学生的信息需要和学习要求。

三、多元化的评价体系

在中学，学习成绩一直是学生自我评价和学校评价的重要标准。然而在大学，评价学生的标准是参照社会实际建立的，尽管学习成绩仍是主要评价因素，但思想素质、能力、特长等也成了评价学生的重要方面，由此形成了一套多元化的评价体系。

（一）构建大学生综合素质评价体系的原则

大学生综合素质评价体系的构建要以反映大学生的素质为准则，将为社会培养优秀人才作为宗旨，并且要高度关注大学生的个性发展，以此实现促进大学生成长成才的目标。

1. 以反映大学生的素质为准则

素质，是指个人所具有的内在品质，可以通过科学的体系进行评价。素质涵盖的内容很多，有许多不同的分类方法，从大的方面看，素质主要包括政治素质、思想素质、道德素质、人文素质、专业素质、创新素质、身体素质、心理素质等方面。大学生综合素质评价体系应选出对大学生成长影响较大且可以量化的素质指标来评价。

2. 以为社会培养优秀人才为宗旨

知识经济时代是知识化、信息化和学习化的时代，对人才的要求更高，适应时代需要的人才不再是传统意义上拥有过硬专业素质的人才，而应是高素质的复合型人才，其应具备全面的综合素质，包括文化素质、思想素质、道德素质、心理素质及良好的协调能力、团队精神、创新意识等。大学的任务是培养社会需要的各种类型的人才，因此，大学生综合素质评价体系要紧紧围绕"培养人才"这个中心目标而建立，为实现这个目标而服务。

3. 以关注大学生的个性发展为导向

大学生身心成长的规律告诉我们，大学中不同年级的学生在心理成长、思想状况等方面呈现出不同的特点。大学生综合素质评价体系应该体现出公正性、客观性等基本特点。这就要求大学生综合素质评价体系要充分考虑不同阶段大学生的不同特点和不同需求，符合大学生的实际情况；同时还应将学科、专业等因素考虑进去，力求确保评价结果的客观性。

（二）大学生综合素质评价体系的构成

一般，大学生的综合素质评价体系涉及以下几方面。

1. 德育素质的评价

大学培养出来的学生不仅应有崇高的理想信念、较高的知识技能水平，在社会责任感、精神文明、道德修养上也应达到一定的层次。德育素质评价的主要内容大致可以概括为政治素质、思想素质、道德素质 3 方面。政治素质、思想素质、道德素质从根本上讲，就是一个人的政治态度、思想道德水准和社会责任感，就是把自己的事业与国家的前途、社会的进步、人类文明的发展融为一体的品格。

2. 智育素质的评价

学习是大学生的主要任务，从一定意义上来说，是否掌握书本知识、专业知识是评价大学生在学业上是否合格的重要标准。但学习的目的是应用，掌握知识的目的是指导将来的社会实践。在科学技术日新月异的今天，向学生传授知识和教会学生科学的学习方法同等重要。智育的内容包含学习动机、方法、习惯和效果，在学习过程中表现出来的分析问题、解决问题的能力，以及逐渐形成的文化底蕴和人文精神。因此，智育素质评价的内容包括专业素质、科学素质、文化素质和人文素质 4 方面。

3. 思维、能力与创造素质的评价

知识产生于思维和创造之中，良好的思维素质能促使人不断地追求新知。思维素质首先表现为勤于思考，其次表现为善于思考。我们要运用辩证的思维方法进行正向思考、反向思考、多向思考，才能在思考中有所收获。良好的创造素质，是指有丰富的想象力和构建力，能举一反三、触类旁通，能发现别人忽视的东西并给予充分的重视；能寻找新的生长点，思路开阔，有强烈的好奇心和求知欲。工科院校的学生，作为应用型人才，毕业后要直接从事工程生产实践活动，因此培养其自学和科研能力，锻炼实际操作能力，增强科技意识、创新意识显得尤为重要。同时，现代社会对大学生的要求是不仅要能够埋头苦干，更要学会与他人进行沟通和协调，充分地表达自己的观点，其中还涉及合理地管理自我和管理他人的能力。因此，能力素质评价的内容主要包括自学能力、科研创新能力、表达能力和管理能力 4 方面。

4．身体和心理素质的评价

良好的心理素质是大学生生理健康的重要条件，是成才的内在动力，是人格健全的重要标志。当前大学生综合素质评价体系已初步确立并不断发展与完善，但同时我们应认识到评价体系只是整个教育系统的一部分，它不是孤立的，也不是万能的，需要与其他机制配合才能发挥应有的作用。

第三讲

再度思考：任务与策略

　　人生的过程是持续学习的过程，步入大学前，学习已经伴随我们多年，我们都极为熟悉。但是，若要请大家对学习进行深刻的介绍，恐怕绝大多数人会感到十分困难。学习是获得经验和成长的必要途径，它帮助我们收获知识、培养技能，更引导我们形成正确的人生观、世界观、价值观。

　　大学是人生中又一段集中学习的时期。大学为学习提供了丰富的资源，同时，大学的学习内容也浩繁艰深。但是，大学的学习有体系、有规律，我们只要了解大学学习，把握并遵循其内在规律，树立良好的学习观念，形成适宜大学学习的习惯，就能事半功倍地完成大学的学习任务，并从中获得大学学习的无限动力和快乐。

　　通过对本讲内容的学习，你可以对学习的概念、大学学习的规律、大学学习的原则等有一个大致的了解，这会对你的大学学习有所帮助。

第一节　学习的概念和任务

学习的概念和任务，对于大多数大学生而言应该是既熟悉又陌生的。熟悉，是因为在中小学阶段，大家有过非常多的学习经历；陌生，是因为没有多少人可以确切地说出学习到底是什么，我们应该完成怎样的学习任务，达成怎样的学习目标。

一、学习的概念

学习是古老又常新的现象。在不同的历史条件、认识角度下，人们形成了不同的学习观。纵观古今中外对学习概念的论述，从字面来说，在我国古代，"学"与"习"总是分开讲的。《辞源》指出，"学"乃"仿效"也，即获得知识；"习"乃"复习""练习"也，即复习巩固。最早把"学"与"习"联系起来的是孔子，《论语》中有"学而时习之，不亦说乎？"的说法，《礼记》中则有"鹰乃学习"的说法，这也是"学习"一词的由来。表明学习是模仿并不断复习、练习的意思。

除从字面上理解外，还可以从以下几个视角进行关注。一是行为变化视角，认为学习是使行为变化的过程，知识水平在行为的变化中得到提升。二是经验获得视角，《教师百科辞典》认为："学习是指人和动物在生活过程中获得个体行为经验的过程。"三是信息加工视角，信息论学者认为："学习是学习者吸取信息并输出信息，通过反馈与评价得知信息正确与否的整体过程。"四是功能视角，《现代汉语词典》中，"学习"的含义之一为"从阅读、听讲、研究、实践中获得知识或技能"。五是认识视角，教育心理学家潘菽认为，"人的学习是个体掌握人类社会经验的过程""学生的学习是认识的一种特殊形式"。六是活动视角，有学者认为，"学习是在师授、书授（自然条件）等外部因素影响下，个体自我修养、自我教育的一种社会活动"。七是效应视角，有研究者认为，"学习过程是产生效应的过程"。

这七种视角各有其存在的合理性，为我们充分认识学习的本质提供了十分有益的启发。

学习是知识传播、迁移、运用和发展的重要手段。通过学习，学生可以获取知识、发展智力、提升能力。知识、智力、能力相互联系、相互依存、相互渗透、相互促进。知识是智力发展的基础、前提。智力是掌握知识的必要条件，智力发展水平制约着知识掌握的数量、质量、速度。能力既是掌握知识的前提，又是掌握知识的结果，掌握知识的过程中需要能力做支撑。发展智力有助于能力的提高，而能力的发展也有助于智力的增强。学习的本质就在于促进知识、智力和能力的提升。

（一）智力与智力发展

智力，是指生物一般性的精神能力，具体到人身上，是指人们获得知识和运用知识的能力，包括理解、计划、解决问题，抽象思维，表达意念，以及语言和学习的能力。智力是保证人们有效地进行认知活动的稳定心理的有机结合。这一有机整体是由遗传素质结构、认知结构（智力因素）、动力结构（非智力因素或者情商）有机整合而成的。智力是影响学习的一个重要因素，它不仅影响学习的数量，而且影响学习的质量。发展智力需要学习，要想学习好又需要以智力为基础。培养智力是学习的重要任务，发展智力又是学习的必要条件。

传统意义上，大学是传播知识的场所，当代大学则是传播知识与发展智力的培养皿。大学生在这里应该充分发挥自己的主观能动性，挖掘自身潜力，汲取智力养分，开发提升智力。

（二）能力与能力水平

能力，是指顺利完成某种活动的心理条件，包括顺利掌握知识和技能的心理条件。能力由一般能力和特殊能力构成。一般能力包括人的观察能力、注意能力、记忆能力、思维能力与想象能力等。特殊能力，是指从事某种专业活动所必须具备的能力，如教学能力、绘画能力等。思维能力与创新能力是能力的核心。学习能力是能力的一个基本内容，也是大学生在大学生活中应当着重培养的内容。现代大学教育不仅培养学生的学习能力，更重视培养学生的综合能力，如人际交往能力、创新能力等。

能力水平是衡量大学生实际学习成果的标准。通过能力水平测试，老师能够发现大学生在学习过程中的不足，指导其改进学习方法，提高学习效率。

（三）素质与素质教育

《辞海》上对"素质"有多种解释，一是指白色的质地；二是指事物的本质；

三是指人先天的解剖生理特征，主要是感觉器官和神经系统方面的特征；是人心理发展的生理条件；四是指人的素养，即人的修习涵养。在高等教育领域，素质主要综合了第三和第四种意思，指大学生从事学习、研究、社会实践活动、就业等所具备的生理与心理条件，既包括身体情况，也包括智力、能力水平。

素质教育是针对应试教育提出的，教育目的、教育对象、教育内容、教育方法、教育评价、教育结果都围绕提高学生的素质发展质量和水平的教育活动。

（四）学风与学风形成

学风是学习者在求知目的、治学态度、认识方法方面长期形成的，具有一定的稳定性和持续性的精神倾向、心理特征及其外在表现。从广义上来说，学生的学习风气、教师的治学风气、学校的学习氛围都属于学风的范畴；从狭义上来说，学风主要指学生学习目的、学习态度、学习行为的综合表现。

良好学风的形成是一项长期工程，学风影响学习效果，更影响人才培养目标的达成。一所学校的学风是反映其人才培养目标和质量的重要标志。

综合以上关于学习的概念的论述，我们可以将学习表述为以下 5 个层次。

（1）广义的学习（包括动物的学习和人类的学习）：人和动物在生活中获得个体的行为经验及行为变化的过程。

（2）次广义的学习（指人类的学习）：人在社会生活实践中，以语言为中介，自觉地、积极主动地掌握社会和个体的经验的过程。

（3）狭义的学习（专指学生的学习）：学生在教师的指导下，有目的、有计划、有组织的系统地进行知识获取、能力提高及素质提升的过程。

（4）次狭义的学习：学生知识和技能的获得与形成，以及智力因素和非智力因素的发展与培养。

（5）最狭义的学习：学生知识和技能的获得。

二、学习的任务

将学习活动与学习任务相结合，有利于使大学生更加明确学习的方向，增强其学习主动性。因此，大学生开启大学学习的第一要务就是要明确自己的学习任务。总结起来，大学生应做到以下几点。

（一）锤炼新时代好青年的道德品行

大学的核心使命是立德树人，所以相较科学文化知识的学习，大学生在大学更应该学习培养高尚的道德情操和良好的品行。党的二十大报告指出，"当代中国青年生逢其时，施展才干的舞台无比广阔，实现梦想的前景无比光明。""用党的科学理论武装青年，用党的初心使命感召青年，""广大青年要坚定不移听党话、跟党走，怀抱梦想又脚踏实地，敢想敢为又善作善成，立志做有理想、敢担当、能吃苦、肯奋斗的新时代好青年。"

（二）掌握干事创业的基础理论知识与专业课程知识

获取知识是学习的首要任务。知识是每个人成才的基石，大学生在学习阶段一定要把基石打深、打牢，必须求真学问、悟道理、明事理，不能满足于获取碎片化的信息、快餐化的知识。学习基础理论知识，是我们掌握一门学问的关键和重要前提。同时，学好基础理论知识，筑牢知识体系根基，建立知识体系基础架构，可以为后续专业课程的学习打下良好的基础。专业课程知识的掌握，是获取技术能力的重要途径，是我们在未来投身社会实践、干事创业的必备条件。

（三）锻炼建设社会主义事业所需的健康身心

健康的身体是人生一切奋斗的本钱，是每一个人成长和实现幸福生活的重要基础。少年强、青年强则中国强，这个"强"既包括拥有优秀的思想品德、学习成绩、创新能力、动手能力，也包括身体健康、体魄强壮。我们没有健康的身心，即使品行再好、能力再强，也没有建设社会主义事业的基础条件。大学生要将身心健康作为大学学习的重要内容，勤于运动锻炼，强身健体，积极参与提升审美、鉴美、创造美等能力的课程、活动，培育高尚情操和强化心理健康，为成为德智体美劳五育并举的时代新人而努力。

（四）获得参与社会实践的劳动能力

浩瀚的知识海洋里，凡是称得上科学的东西，都是人类认识符合事物发展固有规律的成果。追寻科学技术的发展轨迹可以发现，无论是基础理论方面的重大突破，还是应用技术方面的巨大成功，都是理论与实践相结合的结果。脱离实际、违背客观规律的理论，无论披上何等华丽的外衣，都不会有价值。而没有经过理论概括、没有凝聚人们理性思考的实践，无论具有多么斑斓的色彩，都难以作为人才成长的肥沃土壤。理论与实践相结合的真正意义在于，它揭示了人们在认识和改造世界的过程中主观与客观、知与行的具体的历史的统一，符合人类认识的规律，是贯穿人才成长的一条主线。这对于大学生来说尤其如此：理论知识学得再透彻、再牢固，如果不与实践相结合，大学生就只是纸上谈兵，遇到实际问题，很难仅靠理论知识予以解决。而实践的意义在于，促进思维的发展，加深对理论知识的理解、巩固，促进学习能力的提高，为创造性活动的开展奠定基础。

实践活动有很多类型，与大学生密切相关的有科学实践、工程实践、社会实践、劳动实践等。在理论知识学习的基础上，积极参加科学实践、工程实践、社会实践与劳动实践，增强动手能力、劳作能力，是大学生增加毕业后参与社会竞争的重要途径。

（五）提高增进自身修为的综合素质

思辨能力、自控能力及自我平衡能力是素质教育的重要内容。培养思辨能力，就是要学会理解并运用以哲学为基础的各种科学理念，去正确地认识世界，同时剖析自己，并指导自己的实际生活、学习与工作，即在各种实践中分清良莠、明辨是非，确认哪些是该做的，哪些是不该做的。培养自控能力，就是要学会面对不同的诱惑及形形色色的利害关系，既提升专注力，也提升鉴别力，保持正确的人生轨迹并专注前行。培育自我平衡能力就是要学会正确对待人生的起落，在成绩面前不沾沾自喜，在困难面前不自闭泄气。

文化修养、创新素养、沟通能力、自我个性彰显也是素质教育培养的核心。大学生要以塑造美好心灵为目标，将党的先进理论、中华优秀文化、民族精神、社会良好风尚作为文化修养的学习重点；要锻炼自身勇于思考、勤于思考，并将思考积极转化为实践的创新创造能力；要注重培养自己与人沟通交流、有效表达的能力；要重视寻找适合自己的个性化发展方向，提升个人竞争能力。

第二节　大学学习过程和影响因素

学习过程就是主动探索新知识、掌握新技能的过程，是人们行为习惯和价值观形成的过程；从认知心理学的角度分析，学习过程也是激趣、感知、理解、巩固和应用的过程。大学的学习过程与以往小学、中学的学习过程有所不同，这不仅表现在学习目的、学习方法方面，也表现在学习效果、学习应用方面。

一、大学学习过程的基本阶段

每个大学生都希望自己能有很好的人生发展，然而要把希望变为现实，首先必须明确学习是拥有美好人生的必经之路。所谓"活到老，学到老"，从幼年时期学习说话走路、吃饭、穿衣等基本的生活技能开始，到少年时期学习科学文化基础知识和基本道德规范，再到青年时期强化对思想政治理论与实践的学习、对专业知识的获取、对社会规范的了解与掌握，在人生的不同阶段，我们都在进行不同类型的学习。大学时期，个体发展的主观能动性很强，这决定了大学的学习过程是一个丰富的、长期的、复杂的过程，它由许多不同阶段组成。

（一）形成动机阶段

动机是引起和维持个体活动，并使活动朝着某一目标发展的内部动力。人类的各种活动都是在动机的作用下，向着某一目标发展的。动机本质上是由人的需求产生的，学习动机也是如此。

学习动机，是指激发个体进行并维持学习活动，使个体的学习活动向着一定的学习目标发展的内部启动机制。学习动机是与学习活动相联系的一种特殊形式的动机，是直接推动学生进行自主学习的一种内部动力，是激励和指引学生进行主动学习的需要。教学的第一要务就是要激发学生的学习动机，让其从心理品质方面建立学习的主动性。

一般来说，学习动机对学习有以下促进作用。

（1）推动作用。学习动机能使学生在学习过程中目标更明确、思维更专注、行动更持久。

（2）催化作用。学习动机犹如"催化剂"，它虽然并不直接影响认知结构中有关观念的可利用性、稳定性与清晰性，却可以间接地增强与促进学习。

（3）保障作用。学习动机的推动作用使学习目标的达成概率提高，这在一定程度上为目标的实现提供了保障。

然而，学习动机与学习结果的关系并不总是一致的。有些学生学习动机水平较高，但学习成绩却不理想。这种现象存在并不意味着学习动机对学习不具有积极作用，只是说明学习动机不能代替学习，只能间接地增强与促进学习的效果。学习结果与知识基础、智力水平、学习技能和方法等各种因素有关，因而不能仅以学习成绩的高低推断学习动机的强弱。学习动机水平与作业水平之间的关系也不是简单的线性关系。学习动机水平适中，对学习具有较适宜的促进作用，此时作业水平较高，学习效率也高；而学习动机水平过高或过低，则作业水平不高，学习效率也不高。在学习动机水平低于最佳水平时，随着学习动机水平的提高，作业水平不断提高；而学习动机水平超过最佳水平时，随着学习动机水平的提高，作业水平不断下降。这一现象被称为"耶基斯－多德森定律"。高强度的学习动机和低强度的学习动机一样，会降低学习效率。因为学习动机过强，紧张和焦虑水平过高，注意与知觉的范围缩小，思维受到一定的抑制，这些都会给学习带来不良的影响。在重要考试中人们的发挥失常往往与此有关。学习动机的最佳水平与学习课题的难易程度有关。一般来说，学习动机的最佳水平为中等水平；但对于比较简单的学习课题，学习动机的最佳水平为较高水平；而对于比较复杂的学习课题，学习动机的最佳水平为较低水平。

（二）组织信息阶段

组织信息对于学习者是至关重要的，它制约着学习者的学习方式。信息的存储、呈现、传递的变化，都会对学习者的学习产生一定的影响。

信息技术的发展为学习者带来了多样化的学习信息，信息供给模式由原来的"提供型"向"自组型"转变。在传统的学习环境中，学习信息主要来自由教师和学校为学生提供的那些经典的载体，如教科书、辅导书、影音材料等。这给予了学生一定容量的信息，但在某种意义上限制了学生自主探究的空间和学习的自主性。在信息技术环境里，各种各样的信息化学习资源为学习者提供了"自组型"信息，这改变了以往对学习信息进行组织的观念和学习信息组织的固定性和统一性，使不同学习能力的学习者可以选择和组织自身感兴趣的学习信息，合理安排学习步调。这些资源尽管丰富，在多数情况下存在形式多样，这就促使学习者要在这些资源中寻找适合自己的内容，完成"自组织"。自组织与学习者的信息素养能力有关，包括有效地确定信息、批判性地评价信息及创造性地利用信息的能力。信息素养能力可分为"强、中、弱"3个层次。如果学习者拥有较强的信息确定、评价和利用能力，在信息资源的加工上，可以开展具备更多内容意义的深度重新建构。如果学习者的信息素养能力较弱，可以选择良性结构的学习信息，减少信息重构，使信息的加工适应其现有的认知与组织水平。

随着对信息技术教学开发理论与方法研究的不断深入，信息化的学习模式越来越丰富。学习者可以采用个别化和小组化的形式对学习信息进行组织。个别化的信息组织，是指学习者需要根据自身的实际能力来决定信息资源的组织方式，例如网络探究式（webquest）学习。小组化的信息组织，是指小组协作模式，组员之间通过协作共享所获得的有用信息，共同组织信息，共同解决问题。个别化与小组化相结合的学习信息组织形式是信息技术环境下开展研究性学习的较好方式。

（三）学习应用阶段

学习应用阶段就是将理论与实践相结合的阶段。在我国的传统思想中，"学用"观占有极为重要的地位。从"学而优则仕"，到"经世致用"，再到"中学为体，西学为用"，"学用"观可谓源远流长，影响巨大且深远。学习的目的因人而异，有人会说出大量的大道理，但是不可否认的是，学习最基本的目的就只有一个——"用"。两者的关系很简单，即学以致用——学习正是为了能在生活中使用学到的知识。大学生应该在学校通过学习和训练掌握理论，然后通过实践来检验、补充、丰富和发展理论，并最终将理论运用于实践，促进自身发展进步，取得事业成功，实现成才目标。

大学生要在学习应用阶段取得良好的效果，就需要了解迁移理论。迁移理论，是指在一种学习中习得的经验对其他学习产生的影响。个体在学习中获得的经验，不仅对以后的经验获得产生影响，而且对先前获得的、已储存于大脑中的经验也产生影响。这些新经验与原有的经验发生相互作用，使之概括化、系统化，形成一个整合的结构，并不断得到发展，从而稳定地调节人的行为。这种经验之间的相互作用就是通过迁移实现的。

迁移有多种类型，按性质可分为正迁移（positive transfer）、负迁移（negative transfer）、零迁移（zero transfer），按方向可分为顺向迁移（forward transfer）、逆向迁移（backward transfer）。

正迁移，是指一种经验的获得对另一种学习起促进作用。例如，阅读技能的掌握可以促进写作技能的形成和发展，反过来写作技能的掌握又对阅读技能的培养起促进作用。

负迁移，是指一种经验的获得对另一种学习起干扰作用。例如，对英语48个音素的学习会干扰对汉语拼音的学习，反过来，学会了汉语拼音也容易与英语的音素相混淆。

零迁移也称为中性迁移（neutral transfer），是指一种经验的获得对于另一种学习不起作用，即两种学习之间没有影响，迁移的效果是零。例如，体育技能的学习对于财务会计知识的掌握没有特别显著的影响。

顺向迁移，是指前面获得的经验对后面的学习产生了影响，如日常生活中的"举一反三"。

逆向迁移，是指后面的学习对前面已获得的经验产生了影响，使其原有的结构发生变化。

迁移理论揭示了学习效率的提高可以遵循以下原则：第一，努力寻找新旧知识的最佳联系点；第二，从培养能力入手，促进迁移向有效方向发展；第三，发挥主观能动性，推动正迁移与顺向迁移的发生；第四，尽量采用启发、类比、联想等学习方法，提高迁移速度；第五，培养多向思维能力，避免逆迁移和零迁移；第六，主动观察迁移的发生情况，及时调整自我认知。

（四）重复巩固阶段

重复是学习获得成功的必要过程和手段。刺激物的重复出现是短时记忆向长时记忆转化的条件，没有重述的信息是不可能进入长时记忆的。重复要有科学的方法，与遗忘进行斗争的首要条件是组织识记后的重复学习，但重复的目的不仅是记住，而是确保习得的知识产生巩固效应，既能理解，又能运用。

在这个阶段，要注意重复的方法。

一是识记材料的数量要适度。一般认为，人们对熟练的动作和形象材料遗忘得慢，而对于无意义材料和有意义材料，前者被遗忘得更快；在学习程度相等的情况下，识记材料越多，忘得越快。因此，我们在学习时要根据材料的性质来确定识记材料的数量，不要贪多求快。

二是适当地过度学习。一般认为，识记材料一次后不能达到无误背诵的效果，称为低度学习；如果达到无误背诵效果之后还继续学习一段时间，称为过度学习。重复不能满足于即时记忆，还要通过"过度"强化，达到巩固的效果。

三是组织有效的复习。与遗忘进行斗争的首要条件是组织识记后的复习。复习对保持记忆内容有很大的作用，刺激物的重复出现是短时记忆向长时记忆转化的条件，没有重述的信息是不可能产生长时记忆的。

四是利用外部记忆手段。为了更好地保持记忆的内容，还可以采取一些外部记忆手段，如记笔记、使用思维导图、录音录像等。

二、大学学习过程的关键点

从入学到毕业，大学学习是一个持续的完整过程，同学们需要从高中的学习模式中跳脱出来，在享受自主人生的同时，也要始终牢记学习是大学的核心这一根本任务，把握好大学学习的重点，才能更好地完成学习任务。

首先，同学们需要做好心理准备，以发挥学习的最佳效果。为此，要执着，做到持之以恒，不要在学习之前就下任何定义，如这门课程很难，我肯定学不好，等等；要敢于质疑，养成独立思考的习惯，明白教材并不全是真理，惊人的发现往往是对于我们最常见的知识的推翻与重建；要有系统学习的意识，不能只局限于某个区域；要常怀谦卑之心，对知识和师长保持敬畏。其次，要针对学习任务做好时间规划，充分做好课堂时间安排、课后时间统筹、碎片化时间的利用，提高学习效率。在学习过程中，还要注意与老师的沟通交流、心理状态的调试，再深度探索适合个人的学习风格。具体到学习过程中，我们建议同学们采用以下一些好的做法。一是，根据目标制订学习计划。有了计划，每一步行动都很明确，剩下的就是脚踏实地达成每一步的目标。二是，做一份好的笔记。笔记是教材的浓缩、书本的补充。但要切记，笔记不是抄写教材上的文字，我们要有自己的思考和认知。三是，整理课程框架结构。每一门课程的知识都有自身的框架结构，我们要清晰地整理课程的结构，将一门课的知识浓缩在一个框架中，通过学习在这个框架中添枝加叶，最后全面地掌握这门课程。一门课程的学习整体上就是一个从复杂到简单再到复杂的过程。四是，扩充补充教材。教材的概括性一般较强，有时我们只翻教材就算翻很多遍也许还是看不懂，所以应适当通过其他一些辅助的材料对教材进行补充、印证，加深对知识点的掌握。五是，尽快复习。及时复习笔记，再与同学的笔记进行比较，与老师的课件进行对照，不要忘记与老师进行沟通，这对弄懂那些没有理解的内容十分有效。

三、影响大学学习效果的因素

影响大学学习效果的因素是多方面的，比如不同的思维、兴趣、自我评价等都会对学习的主动性、积极性和知识的吸收度、运用程度等产生影响。大学生应该了解这些因素，利用好这些因素，使其成为促进自身学习效率提高的良性因素。

（一）学习中的思维

思维是人脑对客观事物间接和客观的反映，是人智力活动的核心部分。人们在实践过程中，通过思维对丰富的感性材料加以分析和综合，由此及彼、由表及里，去粗取精、去伪存真，以形象、概念、判断等方式解释客观事物的本质和规律。思维既能动地反映客观世界，又能动地反作用于客观世界。因此，思维对学习效果起着直接的影响。

大学生的思维主要包括形象思维、逻辑思维、辩证思维和创造性思维。

1. 形象思维

简单地说，"形象思维是依靠对形象材料的意识领会实现理解的思维。"从信息加工角度来说，可以将形象思维理解为主体运用表象、直感、想象等形式，对研究对象的有关形象信息及储存在大脑里的形象信息进行加工、分析、比较、整合、转化等，从而从形象上认识和把握研究对象的本质和规律的思维。

形象思维具有形象性、非逻辑性、粗略性和想象性等特点，对文艺创造、科技创造及工程设计等方面的学习发挥着重要的作用。我们可以通过5类方式来培养和训练自己的形象思维能力。一是，通过绘画、写作、做实验、参加活动课等培养观察力，丰富表象积累。二是，在课程学习中，通过再造想象、科学想象和创造想象有意识地培养想象力。三是，注重空间想象力的培养。四是，通过写作、阅读、交流、演讲等方式锻炼文字表达和沟通能力。

2. 逻辑思维

逻辑思维，是指人们在认识过程中借助概念、判断、推理等思维形式能动地反映客观现实的理性认识过程，是人的认知的高级阶段，即理性认识阶段，又称为理论思维。只有具有逻辑思维，人们才能把握具体对象的本质，进而认识客观世界。

逻辑思维以抽象为特征，强调通过对感性材料的分析思考，撇开事物的具体形象和个别属性，形成概念并运用概念进行判断和推理，从而概括、间接地反映现实，揭示出事物的本质特征。我们可以学习归纳和演绎、分析和综合等方式，通过加强社会实践来提升逻辑思维能力。因为社会实践是逻辑思维形成和发展的基础，社会实践的需要决定人们从哪个方面来把握事物的本质，确定逻辑思维的任务和方向。社会实践的发展也使逻辑思维逐步深化和发展。

3. 辩证思维

辩证思维，是指以变化发展的视角认识事物的思维方式，通常被认为是与逻辑思维对立的一种思维方式。在逻辑思维中，事物一般是"非此即彼""非真即假"；在辩证思维中，事物可以在同一时间里"亦此亦彼""亦真亦假"。

辩证思维是唯物辩证法在思维中的运用，唯物辩证法的范畴、观点、规律完全适用于辩证思维。对立统一规律、质量互变规律和否定之否定规律是唯物辩证法的基本规律，也是辩证思维的基本方法，即对立统一思维法、质量互变思维法和否定之否定思维法。

4. 创造性思维

创造性思维是一种具有开创意义的思维活动，即开拓人类认识新领域、开创人类认识新成果的思维活动。创造性思维具有新颖性、灵活性、艺术性，有利于学习者举一反三和取得质的突破。

创造性思维的培养不是一蹴而就的，需要经过长期的知识积累、刻苦钻研，学习者要有直面挫折的勇气，不断增强推理、想象、联想、直觉等思维活动训练。

（二）学习中的兴趣

兴趣，是指人们探索某种事物或从事某种活动的认知倾向，能使大脑皮层处于兴奋状态。对于符合兴趣的活动，人们乐于参与且效率较高；若对某项活动缺乏兴趣，人们会不愿意参加，即使参加了效率也不会高。大学生的兴趣与学习效果密切相关，不但有利于增长专业知识、提高综合能力，还会因为成就感的不断获得而有利于保持积极向上的精神状态、塑造良好的性格。大学生可以通过参加社会服务活动、多了解专业动态与前沿信息、多投身美育劳育活动、多参与专业探索和试验等方式增强学习兴趣，这样大学生既能不断完善自己的知识结构，促进身心的健康，又能不断完善自己的知识结构，还可以陶冶情操，提高精神境界，净化心灵。

（三）学习中的自我评价

自我评价关系着学习中上一个阶段的总结与下一个阶段的发展。进行学习的自我评价是大学生自主学习的重要组成部分，有利于大学生在学习动机、学习质量、学习方法、学习态度等方面认识自我、鉴别是非、诊断优劣。进行学习的自我评价的目的是让大学生在调整目标、提高质量、改善方法、端正态度等方面做出更加自觉、有效的行动。

一般，自我评价包括以下 4 方面。一是，知识掌握程度的自我评价。例如在学习知识之前，自评是否具备相应的知识；学习之后，从记忆、领会、应用、分析等方面来评估自己对知识的掌握情况。将知识点与目标得分率制成简易图表，大学生就可一目了然地知道自己在学习上的优势与不足。这一方面的自我评价有利于大学生明确自己是否清楚某个基本概念的内涵和外延，能否将新学知识和已有知识联系起来，能否对所学知识举一反三、触类旁通，能否在实际条件下灵活运用所学的知识。二是，学习动力的自我评价。评价内容包括学习目标是否明确，有无长远目标和近期目标，对学好各门功课是否充满信心，对所学科目是否有浓厚的兴趣，学习态度是否端正，是否有主动积极的进取精神，有无战胜学习困难的勇气和毅力，学习情绪是否稳定、持久，等等。三是，学习策略的自我评价。评价内容包括是否有计划地安排学习活动，能否妥善安排学习时间，能否正确利用各种资料，能否与同学、教师合作，是否有预习的习惯，能否集中精神听课，能否及时复习当天的功课并完成作业，能否排除有关干扰保证学习活动的顺利进行，能否选择并采用合适的学习方法，能否总结或借鉴他人好的学习方法和经验，等等。四是，学习能力的自我评价。学习能力包括获取信息的能力，如感知能力、阅读能力、搜集资料的能力等；加工、应用、创造信息的能力，如记忆能力、思维能力、表达能力（口头的、文字的）、动手操作能力、创造能力等；对学习的调控能力，如确定学习目标、制订和调整学习计划、培养学习兴趣、克服学习困难等的能力；自我意识和自我超越的能力。

当然，进行自我评价要重视认识的客观性。尽管自我评价是一种自我的主观判断，但它必须建立在对自己学习状况的客观认识上。我们可以参考考试成绩、老师评语、平时作业完成质量、实验报告质量、参与实践活动的评价、辅导员与班级评议小组的打分与同学意见等，做出更客观的判断。进行自我评价也要注意方法的科学性。例如建立适当数量的具体可测的自我评价项目，以说明自己的学习动机、学习质量、学习方法和学习态度等的实际情况；又如依据"自己经过努力就能达成"这个标准来制订各个自我评价项目的评价标准；丰富自我认识的信息来源；对各个项目的评价结果进行综合的定性分析，并在总结过去学习优、缺点的基础上提出今后的改进措施。自我评价还需要保持一定的频率，要常评常督促。每次自我评价后，还应将结果与前几次自我评价的结果进行纵向对比。

（四）学习中的意志力

意志，是指人在有意识的行动中克服内在、外在的困难，并坚持实现行动目的的心理状态。学习意志，是指学生根据学习目标，在学习过程中自觉实施、调节和控制自己的学习行为，不断排除干扰、克服困难，以完成预定学习任务的心理状态。学习是一个艰苦、细致的脑力劳动过程，学习者需要具有坚强的意志和顽强的毅力。

一般来说，学习过程中良好的意志品质主要包括以下 3 方面。一是自觉性，这是使学生自觉、独立地调节学习行为，完成自定或指定的学习任务的可贵意志品质。自觉性使学生不需要老师、家长的督促就能自主学习，并在学习中保持独立思考，形成自己的见解，自觉地支配自己的学习活动。二是自制力，即对学习过程中自己言行的控制和约束能力。自制力能督促学生完成应当完成的学习任务，并使学生拥有时常提醒自己去执行决定的驱动力。三是毅力，毅力是不断坚持同学习过程中的种种困难做斗争的能力，可以帮助学生克服学习障碍，养成不怕挫折的坚韧性和持之以恒的耐性。

第三节 大学学习的基本特征、规律、原则与学习观念

为了更好地自主学习，大学生需要了解大学学习的基本特征，认识大学学习的规律和原则，掌握大学应具有的学习观念。

一、大学学习的基本特征

我们根据大学学习的目标、课程、教师、教材、课堂内容等不同的维度，可以总结出大学学习的基本特征。

（一）大学学习的目标特征

进入大学前，学生学习的是相同的基础学科和同样的基础知识。进入大学后，大学生选择了不同的专业，这些专业将在很大程度上决定大学生未来的职业。因

此，大学以培养社会需要的专业人才为教学目的，向大学生提供更专业、更透彻、更科学、更准确、更前沿的专业知识和学习方法。

而且，大学教育的目标是实现人的全面发展，所以大学学习不仅仅是为了拥有"一技之长"，而是要充分考虑专业外的知识需求和与社会接轨的社会需求，提升包括学习能力、分析能力、解决问题的能力与适应社会变化的创新能力在内的综合能力。

（二）大学学习的课程特征

（1）班级特征。大学的班级分为自然班与教学班。自然班即入学时按录取情况划分的班级，有由专业、年级与班级号组成的固定名称；教学班即由同一时间上同一门课的学生组成的班级，通常没有固定的名称，一般以课程名称代称。教学班产生的重要原因是选课制度的实施。学校为每个专业都设计有相应的培养方案，大学生修满一定比例的学分，便能达到专业的要求，顺利毕业。大学生可以根据本专业培养方案，按照自己的意愿选择每年所学课程、任课老师、上课地点。不同专业、不同自然班的大学生可能出现在同一个老师的教学班听同一门课；而同一个寝室、同一个专业、同一个自然班的大学生，则有可能在同一时间段有不同的安排或出现在不同的教室。因此，班级特征决定了大学学习有较高的自由度。

（2）地点特征。教学班的存在使大学不会再给每个自然班分一个固定的教室，让学生永远在同一个地方听课，而是按照不同课分配上课地点。教室不固定，大学生也不再拥有自己的固定座位，无法延续在高中养成的将书本通通留在教室的习惯。有时在两节课之间，大学生可能还得背上书包绕学校走一大圈。但是，可以选择座位也为大学生带来了新鲜感和自由感。

（3）时间特征。大学学习的进程安排不是平均的，有可能一整天都排满了课，也有可能一天只有少量课。大学生需要更有条理地做好时间管理，充分运用好上课时间，并规划好下课时间。

（三）大学学习的教师特征

（1）因为课程设置与教学班的原因，有的大学教师常常在大学 4 年中仅会教授一门课程，而这门课程的教学时间也常常只有一个学期，甚至短的只有半个学期，一门课往往一周只上 1 ~ 4 次。而且多数大学教师一般上课来，下课就走，师生沟通的时间较少，教师很难对每个学生都熟悉了解。这大大减少了大学教师对学生的监督，使得学生的自律性变得更为重要。同时，沟通不足也使学生很难真正了解教师，使得大学教师在学生眼中较为神秘与陌生。

（2）大学教师有自身的授课风格。目的型教师会在绪论或导言中向同学们讲明本课程的教学目的，并在日常讲课中反复强调。科学型教师重视科学的概念、严密的论证、本学科的基本规律和方法及本学科的前沿知识。实践型教师重视理论问题的实践背景、实践应用和实践检验。选择型教师鉴于信息量无限和学习时间有限这对基本矛盾，主要讲授基本概念、基本规律、基本原理和基本方法。启发型教师则重视启发学生的思维，重视在教学过程中培养学生的思维方法。逻辑型教师在讲课中会体现"提出问题、分析问题、解决问题、得到结论"的逻辑思维。独创型教师更多地会向同学们介绍自己的学术见解、研究成果、工程经验和教学体系，不会照本宣科。艺术型教师注重把知识和个人内在的意向外化为语言、动作、表情、态度，使学生领会并受感染。思想型教师会挖掘教学内容和方法中的教育因素，使学生通过听课得到思想上的收获。领导型教师很重视学风培养，注重发挥自己的表率作用。教师不同的授课风格增加了学生适应的难度，却也能让学生更清楚与人沟通的多样性，并能通过大学自由的选课制度选择更适合自己的教师。

（四）大学学习的教材、课堂内容、授课工具特征

（1）教材多元化。大学教育主要是传授给学生一种思想、一种学习方法，在专业教学上，也着重讲授理论基础与研究思路，以鼓励学生不断探索、勇于创新。任课教师会推荐一本较全面的教材供学生参考。不过，在课堂讲授中，教师会更注意专业知识的融会贯通，不会局限于教材。同时，为了方便学生课后深入学习，任课教师还会列出参考书目。

（2）课堂内容多且难。教材多元化是课堂内容多且难的原因之一。因为要将一门课的知识点与学习方法凝聚在短短的几十个学时当中，所以大学课堂中每分钟的信息量是相当庞大的。学生往往稍微走神，就会发现教师已经讲远了。

因为每节课内容很多，所以学生在大学课堂上听到的更多是课程的重点、难点及教学思路，往往都是理论性很强的、很抽象的内容，细微的分析很少，特别是教材已经有的内容，教师往往会让学生在课后自己学习。这对学生的想象和思维能力有较高的要求，增加了学生理解课程内容的难度。同时，与中学阶段学习的基础知识都是经过无数次证明的定理不同，大学学习的很多内容涉及学科的前

沿领域，深入研究对象的本质，有些问题常常是没有定论或有很多争议的，没有一个确定的标准作为参考。这更突出了逻辑思维、辩证思维对大学学习的重要性。

（3）应用现代信息技术。大学教师一般都采用多媒体工具授课，这节约了大量板书的时间，使其可以在讲课中增加更多信息与资料来加强其所传授的观点。在一定程度上，这能帮助学生理解问题的关键，提高理解速度。而多数教师会分享课件，这为学生复习提供了方便。但课件连续简易的播放方式使得教师讲课速度加快，同时多媒体技术的运用使课堂中的信息量大大增加，这大大增加了学生做笔记的难度，甚至可能出现学生还没看清，教师就切换了内容的情况。而且，部分学生因可以课后自学课件，课堂上便不再认真听讲，而教师讲课的内容并不会逐字逐句出现在课件中，学生上课时的专注度不足就更容易导致其错过关键信息。所以，现代信息技术的应用使得大学学习对学生在课堂上的专注度有更高的要求。

（五）大学学习的教学反馈特征

良好的反馈能让教师更清楚学生的听课与知识掌握情况。就目前的情况看来，课堂上，因教师讲课花去了大量的时间，学生反馈的机会非常少。打电话、使用即时通信软件与发送电子邮件是学生常用的反馈方式，但因为学生往往与教师较为生疏，所以这些反馈方式的采用也并不多。约见则相对更少见，仅有少数学生会采用这一反馈方式。

因此，同学们应该充分运用对教师的反馈渠道，及时地反馈学习情况，交流对学习的思考，帮助自己更快的提高。

二、大学学习的规律和原则

学习规律是学习活动本身固有的、本质的、必然的联系。它是人们学习时必须遵循的基本法则，是制订学习原则的依据。懂得并运用学习规律，才能保证学习质量，提高学习效率。学习原则，是指人们在学习活动中必须遵循的准则和基本要求。它是人们长期积累的学习经验及其理论总结，是对学习规律的反映。

学习规律和学习原则之间也有区别，具体表现在以下几方面。学习规律具有客观性，不以人的意志为转移；学习原则是根据学习规律和社会需要，由人们制订的必须遵循的基本要求。学习规律具有普遍性，不管哪个时期、哪个阶层的人进行学习，都必须遵循学习规律；学习原则具有针对性，是由人们主观加工制订的，为不同阶级服务，反映不同的世界观和方法论。学习规律具有必然性，体现着自然的既定特性；学习原则具有一定的人为性，只能体现当时人们的学习需求。学习规律具有稳定性，是制订学习原则的重要依据，是根本的，有很强的继承性；而学习原则带有很强的时代性，只能是对学习规律的科学反映，是派生的和具体化的，不一定具有继承性。下面介绍几个学习的原则。

（一）"自主性学习"原则

学习过程是学习者在自己的意向主导和控制下的能动的认识过程。学习是学习者个人的事情，别人是不可能代替的。别人的经验可以借鉴，但如果没有自己的实践，也无助于学习。老师在课堂上讲得有声有色，大学生听得清清楚楚，但就是没有自己的思考、自己的领悟，就不能说自己在学习。

这种学习的不可替代规律决定了大学生要遵循自主性学习原则。自主性学习原则包括自觉原则、主动原则、独立原则、专心致志原则。自觉原则要求大学生能够自觉地安排自己每天的学习活动，自觉地完成各项学习任务。主动原则要求大学生学习时要有热情，要主动获取知识。独立原则要求大学生做事要有主见，不轻信，不盲从，不人云亦云，能独立完成学习任务。专心致志原则要求大学生目标专一、精神集中，不见异思迁，不三心二意。

（二）"充分利用学校教育环境"原则

学习的主体是学习者个人，个人知识经验的获得和思想行为的变化受到先天因素和后天因素的制约。这里的先天因素是指生理方面的遗传基因，后天因素是指社会条件、教育环境和个人健康状况等。

大学生在学习过程中要充分利用学校优越的教育环境。这包括认真听教师讲课，争取教师指导，密切师生关系；使图书馆成为当前博览群书的场地及今后建立信息联系的渠道；让实验室成为钻研理论和锻炼探索能力的基地；利用体育设施、器械增强体质，养成良好的运动习惯；利用校园内浓厚的学习氛围建立自己的良好的学习习惯，利用校内组织的社团活动来发展自己的爱好。

（三）"靠已知掌握未知"原则

学习新知识是把新知识融入人脑已有的知识网络，形成新的知识网络的过程。

因此，大学生要做到重视所学课程的基本原理、基本体系、基本内容、基本方法，将它们作为吸收新知识的已有知识网络的基础；对已学知识及时进行巩固和掌握，否则它们不能由"已学"转化为"已知"；努力提升自己的思维能力，因为靠已知掌握未知的过程不是简单的知识积累，而是靠联想、推理、判断，通过比较、分析、综合完成的，这就需要较强的思维能力。

（四）"理论联系实际"原则

大学学习虽然具有明显的探索性和实践性，但是学生获取的知识仍以间接经验为主，都是没有经过自己直接实践的理论知识。显然，学习间接经验和理论知识必须要以直接经验和感性知识为基础。理论联系实际有利于学生深刻体会和牢固掌握知识，有利于学生熟悉现代科技和生产实际，从而激发学习兴趣，提高学习的自觉性。学生可以从以下4方面贯彻理论联系实际的原则：一是，明确学习的目的在于应用；二是，清楚所学理论知识必须用实践（科学实践、工程实践和社会实践）来检验；三是，将理论学习与实践环节放在同样重要的地位；四是，善于利用一切校内外的实践机会。

（五）"讲究学习方法"原则

学习方法既是为了完成学习任务而采用的手段和措施的总和，又是一种为个人终身学习服务的既定学习秩序和法则。大学生在处理短暂的4年学习生活和今后无限的学习内容这对基本矛盾时，要清楚，从学习方法与掌握知识的关系来看，学生在学习"知识"的同时必定会学习"方法"。从某种意义上来说，方法比知识更重要，因为掌握了好的方法，才能获得数量更多、质量更高的知识，这对大学生毕业后进行工作和终身学习都产生深远的影响。

三、大学生应具有的学习观念

在了解了大学学习的规律和原则后，大学生就应该建立自己的学习观念，以激励自己主动学习。以下几种学习观念是大学生应具备的。

（一）大潜力、高目标的学习观念

人脑的智能潜力很大，远没有被充分发掘。关于人脑的功能，有的研究报告说只被开发了10%左右，有的说只被开发了1%左右。人脑的潜力是巨大的，大学生处于用脑最有效率的青年时期，有无穷的潜力可被激发。因此，大学生应该给自己设定更高的学习目标。

当今社会已进入知识经济时代和信息时代，人的生存方式和思想观念也正在发生着社会性变革和时代性震荡。大学生虽要面对严峻的竞争挑战，但也遇到了前所未有的良好机遇。因此，在学习观念上，大学生从入校的第一天起，就应该保持竞争的危机感和紧迫感，珍惜时光、发奋上进，学好真本领，为将来进入竞争激烈的社会、干出一番事业打下良好的基础。同时，大学生必须从获得文凭向求得真才实学转变，不断开阔眼界，树立高远目标，使自己既掌握专业知识与技能，也获得实践能力与良好的综合素质。

（二）科学学习的学习观念

掌握科学的学习方法是"学会学习"的关键，有助于我们在学习中少走弯路，有利于我们培养和提高各种学习能力，如阅读和观察能力、听课能力、提问能力、写作能力、思维能力、记忆能力、动手能力等，进而可以提高我们的学习效率，引导我们攀登学习高峰。笛卡儿曾说过："没有正确的方法，即使有眼睛的博学者，也会像盲人一样盲目摸索。结果只会是一事无成。"前面曾经提到过爱因斯坦的成功公式——"成功＝艰苦劳动＋正确方法＋少说空话"，这个成功公式也是他对自己整个探索生涯的总结。在成功的王国里，"正确方法"占据了1/3的天下，可见其重要性。

科学的学习方法是对人的认识规律和学习规律的反映，因此它具有共同性和普遍性，又具有多样性和个别性。获取科学的学习方法有以下4个原则需要遵循。一是，要研究学习规律，合乎规律的学习方法才是科学的学习方法，如科学运用大脑的方法、记忆的方法、时间运筹的方法、循序渐进的方法、联系实际的方法等。二是，要重视借鉴前人的学习经验，它山之石可以攻玉，我们可以借鉴他人的技术或经验，可以丰富、充实、发展自己。三是，要注意联系实际，研究具有不同针对性的学习方法。比如在不同的学习阶段，学习内容、学习目标、学习对象和学习环境不同，学习方法也就不同；专业性质和课程特点不同，学习方法也有所差异。四是，要做到从个人实际出发，扬长避短，在掌握科学的学习方法的基础上，调整并建立适合自己的学习方法。这也就是"学习有法、学无定法"所表达的意思。

（三）勤于实践的学习观念

大学生在学习内容上，必须实现从侧重书本知识学习向侧重对实践能力的培养和提高方面的转变。在知识经济时代，知识的创新和应用将成为影响一个国家综合国力的决定性因素。谁拥有一大批具有创新精神和实践能力的优秀人才，谁就能在未来激烈的竞争中赢得主动。书本上的知识固然重要，但创新意识和实践能力更多地从创新活动和动手、动脑、亲自操作中获取。

随着社会的不断进步、知识总量迅速增加，一个人即使日夜发奋读书，也不可能把某一领域的所有知识全部学完，况且知识还在不断更新。因此，培养创新意识和实践能力才是学习的根本和核心。

（四）创造性学习的学习观念

随着信息时代知识量的激增，学习不再强调把了解确定的事实、系统的概念当作目的，而是强调探索知识形成的过程，训练思维能力，掌握获取知识的方法，培养独立解决问题的能力和主动探究及创新的精神，用批判的眼光去发现有意义、有价值的知识。

创造性学习的学习观念是对"传授知识—接受知识"的传统学习模式的挑战。大学生在学习中不应仅满足于重复和再现前人或他人的思维和行为的过程和结果，而应发现和获取前人和他人所未能发现和获取的新知识、新技能，应对现有的知识进行新的理解、新的认识、新的思考、新的应用。

（五）全面学习的学习观念

全面学习的学习观念要求大学生要处理好德与才，通与专，知识、能力与素质，全面发展与个性化发展等方面的关系。在人的发展结构上，大学生必须实现从单纯求知识向提高自身综合素质转变。

大学生在入校后，应以树立正确的世界观、人生观和价值观作为学习的首要目标，不断加强对自己的爱国主义、集体主义和社会主义思想教育，努力提高自己的思想觉悟，牢牢把握正确的政治方向；同时，应继续发扬中学时代刻苦学习的拼搏精神，努力掌握大学时代应掌握的基础知识和专业知识。此外，大学生还应培养和提高获取知识的学习能力、实践能力及创新能力；树立全面学习的观念，加强个人思想政治素养建设，塑造健全人格，培养良好的敬业精神和社会责任感；夯实专业知识基础，锻炼各种技能和能力；强化身心，全面发展，为未来走向广阔社会、干出一番事业做好充分的准备。

（六）自主学习的学习观念

自主学习的学习观念是在教师的指导下，大学生成为学习的主人的必然选择，包括主动学习、独立学习与无监控学习。这种学习观念、重视对学生学习内驱力的激发，有助于大学生养成正确的学习态度、乐学好学的情感和积极学习的行为准备；有助于提高大学生的自我评价能力，使其不断在学习过程中对自身进行审视、反思和评价；有助于提高大学生的智力水平，为个人智能更快、更高地发展奠定坚实的基础；有助于培养大学生的非智力因素，使他们的学习动机、学习兴趣、情感意志、个性等在学习过程中得到协调发展；有助于大学生掌握良好的学习方法，勇于和善于思考，并相应地发挥和创造一系列具体且适合自身需要的学习方法来推动自己学习的进步。

（七）自我调控的学习观念

自我调控的学习观念是指大学生在自我评价的基础上进一步修正自己的学习动机和目标，更好地分配自己的学习精力，调整自己的学习方法。自我调控学习是一个不断循环的反馈回路。在这个回路中，大学生首先对目前的任务设定目标，然后运用各种策略去实现目标，不时地检查目标的实现情况。如果发现情况与目标一致，就继续原有的学习过程而无需改变；如果发现情况与目标存在差距，就要对学习动机与策略进行检讨与反省，并对学习过程进行调整。如此循环往复，直至达到学习目标。

自我调控学习并不要求大学生孤立地学习和绝对独立地解决问题。自我调控的大学生在面对复杂的学习任务时，往往善于运用各种资源，包括物质的（如参考书）和社会的（如向更有知识和能力的人求助）。在寻求社会支持时，自我调控的大学生能够把握量与度，他们通常只是要求他人给出一些提示，澄清不明白的问题，然后运用这些信息自己找到答案。

自我调控学习是一个坚定意志的过程，需要大学生付出一定的时间和精力。自我调控学习也是一个复杂的心理活动过程。设定学习目标，安排学习计划，选择和运用学习策略，监控学习进程，评价学习结果，调节学习行为，排除干扰、克服困难，每一个步骤和过程都需要大学生有顽强的意志，付出一定的努力，凭借毅力去完成。

第四讲

全新探索：方法与技巧

　　面对新的学习环境、要求、对象和目标，大学新生不免会产生困惑和不解。与中学阶段相比，大学阶段更需要学生自主学习，知识更新更快，信息量更大，学习难度更高。因此，探索和掌握适合自身的科学学习方法就显得尤为重要。理论课固然枯燥，但只要抓重点、听梗概，重视预习和复习，学习效率就容易提高。课堂笔记尤为重要，我们能通过它温故而知新，加深对知识的掌握，提升综合能力。考试作为检查学习成绩和教学效果的重要手段，我们既要重视，更要充分运用。当然，在进行理论学习的同时，实践课也不能落下，它是将知识从书本应用到实践的通道，更能让我们强化理论基础、提升综合能力。总之，遵循正确的学习方法和技巧，养成良好的学习习惯，对我们的学习大有裨益。

　　本讲将重点介绍怎样掌握科学的学习方法，怎样培养学习能力，等等，以帮助大学新生尽快适应大学学习，取得良好的学习效果。

第一节 在探寻学习方法中学会学习

学习是人类生存与发展的基本手段，这是人们对学习的基本共识。然而，有关调查结果显示，我国有不少大学生不懂学习、不会学习、不能主动学习。因此，大学教育不仅要教会大学生知识，更重要的是教会大学生如何学习，培养大学生的学习能力。

一、成功的学习需要好的学习方法

大学学习成功与否不在于学了多少知识，而在于是否掌握学习方法。人类知识的更新速度随着社会的发展在不断加快，新知识、新技术、新成果不断涌现。大学一般只有 4 年，而对知识的学习和积累而言，4 年时间是短暂的，因此大学生要从日常的学习生活中，不断摸索和掌握科学的学习方法，培养自学能力和主动探索知识的能力。对于大学学习，很多人容易陷入这样的误区，即认为只要学好专业知识、拿够学分、顺利毕业就行了。这恰恰说明了许多大学生对在大学全面提高自身素质，以及思考和掌握适合自己的好的学习方法等方面缺乏较深刻的认识。大学的根本任务是立德树人，上一讲就已经提到过，我们在大学不仅要注重知识的学习和积累，更应注重思想道德品质的锤炼和综合能力的提升；要加强对学习方法的探索，掌握最基本的学习工具和方法，让自己在步入社会后，能以高效的方法学习新事物、新知识、新技能，迎接新的机遇与挑战。

（一）处理好学习中的矛盾和冲突是掌握学习方法的前提

由于大学学习与中学学习有很大的不同，大学新生在学习上自然会遇到许多的矛盾、冲突和不适应。如在学习方式上，许多人认为大学的学习比中学的学习轻松。其实，一般而言，大学对学生学习的要求也是严格的，对考试的要求也十分严格，抓考风是学风管理的重要内容和学生管理的重点工作。按大学学分制学籍管理办法，大学生没有修够培养方案规定的学分，是不能按期毕业的。很多人对大学学习的自主性、自觉性特点与学校对学习要求的严格、规范特点把握不好，学习上容易出现小问题。另外，随着社会的发展，社会对人才的要求不断提高，不仅要求有一定的专业知识的积累，在知识的广度和深度上都提出了新的更高要求。虽然不同类型的大学的人才培养目标存在一定的差异，但总体而言，大学都是按照德智体美劳全面发展来培养人才的。因此，面对众多的课程和全面发展的要求，大学生可能会面临要学习的东西多与感觉时间少等的矛盾。思考和正确处理学习中的矛盾和不适应，需要大学生对学习方法进行探索和选择，也是形成好的学习方法的基本前提。

（二）找到适合自己的学习方法

大学学习既包括通过课堂教学获取知识，也包括通过自我学习获取知识、技能和能力等。大学生应该认识到世界上最好的教育方法就是自己教育自己、自己提升自己。进入大学后，如果大学生不积极主动适应新的学习环境，树立自己是学习主体的意识，发挥学习主体的能动作用，改变学习方法，那么学习将是极其痛苦的，大学时光就有可能在大学生对学习的不适应中悄然流逝。大学生应该从个性、学习习惯、思想意识、学习动机等方面做出调整，努力使自己成为一个善于驾驭自己的人，学会独立思考，独立自主克服困难，坚持进取，努力锻炼。大学生要抓好课堂学习、美育劳育活动和社会实践这三个方面，将学习烙在心中、体现在行动上，时刻提醒自己、激励自己，使自己的大学学习过程变得愉快而幸福。这需要大学生不断探索适合自己的学习方法，提高学习能力。

二、探索有效的学习方法，不断增强学习能力

学习方法有很多种，但在大学中，阅读、多听、勤写一直是最简单有效的方法。

（一）学会阅读

阅读是学习主体主动参与学习过程的一种复杂的心理和智力活动，是大学学习的重要一环。同学们在阅读过程中，要弄清楚"读什么"和"如何读"两个基本问题。大学生应该将思想政治理论教程、专业知识书籍、学科前沿文献、经典

文化著作都列入阅读清单，并在阅读中把握 3 个原则：一要读通，即将阅读内容联系起来思考，做到融会贯通、触类旁通；二要读懂，切忌一知半解；三要读活，不能读死书、死读书，要注意知识的转化与运用。对于阅读方法，相信大家都有自己的见解，对于一些公认有效的阅读方法大家不妨尝试一下，说不定会对自己有所帮助和启发。例如，采用程序阅读法，按照作者→书名→内容提要→目录→序言→内容→结语的顺序有选择地进行阅读；采用比较阅读法，通过综合比较等方法去把握知识间的联系，找到规律；采用层次阅读法，根据需要进行浏览、泛读、通读、精读等不同层次的阅读；采用循序阅读法，按由浅到深、由简到繁的顺序循序渐进地阅读；采用推测阅读法，在阅读中抓住关键、展开联想、大胆推测等。

（二）学会多听

"听"一般是指学习主体被动地接收、理解外部信息的过程。多听对于丰富信息、接受新知识、开阔眼界、提高水平有着十分重要的作用。多听是大学学习的一种重要方法，包括以下内容：一是多听老师讲授，听讲是大学生重要的学习方式，有利于实现对基本知识的积累；二是多听学术报告，大学生可以从一场场精彩的学术报告中获取大量的专业知识。

（三）学会勤写

"写"是学习主体的一种学习实践活动，既能展示学习主体的综合能力，也有利于促进学习主体进行思维活动创新。"写"能用来表达思想、记录成长、抒发情感、提高水平。在大学，写什么、如何写也是大学生要思考的问题。大学生学会勤写主要体现在两个方面。一是做好笔记。上课一定要做好笔记，因为老师讲的都是经过筛选、整合的知识，是老师思想、学识等的再现，大学生需要有效地学习吸收。俗话说，"好记性不如烂笔头"，做读书笔记的过程是将自己的学习中的理解与思考记录下来，这些是对知识掌握与内化的重要方式。二是学习创作。从大一开始，养成"写"的习惯，无论是对专业学习钻研的成果，还是自己对生活的感悟等，都可以通过"写"的形式创作表达出来，多动笔，勤动笔，既能提高写作能力，也能提高思维能力。

怎样学好理论课

　　理论课是一种在实际操作前进行的课程，它着重在学习方法和学习习惯方面培养学生，是同学们进入实践课之前打下坚实基础必不可少的环节。本节内容将从听课、记笔记、预习、练习、复习、考试等方面介绍学习理论课的方法和技巧。

一、怎样听课

　　听课是学生获得知识的主要途径。也许有的人认为有了教材就可以自学，这在一定程度上是可行的，但由于每个人的学习能力和自觉性有差异，自学并不适用于所有人。并且如果只用教材自学，学生可能错过很多学科的前沿信息与老师的经验分享。一般来说，老师讲课前做了充分的准备，他们会根据教材，参考相关资料，针对学生的实际情况进行有层次的教学，这样的教学方式具有较强的针对性和实用性。所以，认真听课对于学生掌握一门学问至关重要，同时还能帮助学生弥补知识上的漏洞。老师对课程内容有着深刻的理解，他们能从教材中总结出自己的认识和见解，对知识点进行升华，再传授给学生。这就使听课比仅仅自学教材让人收获更大，即使老师讲的你都懂，多听一遍也会大大有益于你巩固对这些内容的记忆和加深对其的理解。

（一）从生理、心理与物质方面做好听课准备

　　做好生理、心理与物质方面的准备是大学生高效率学习的前提。做好生理上的准备要求大学生要有良好的饮食习惯、充足的睡眠和健康的身体。做好心理上的准备则要求大学生在了解大学的课程设置、课程性质、课堂特点，分析大学听课与高中听课的不同后，在老师、同学的帮助下，自我鼓励，不胆怯、不畏难，勇敢地面对大学课堂内容多且难的新情况。做好物质上的准备则是指要在课前准备好教材、笔记本、练习册及学习用具，以免在课堂上手忙脚乱、不知所措，影响听课情绪和学习效果。

（二）注意听课时抓重点、听梗概

大学课堂的内容多且难，但大学生不需要对每个知识点都一一深究，只需要把握好课程的总体框架，学习相应的思考方法即可。听课时，大学生不必将老师讲的每一句话都理解透彻，这样做只会使自己错过重点，无法完整把握整个知识体系。大学生在听课时应主动区分重点和难点。区分的方法如下：一是，注意老师讲课时的语气语调，对其加重和拖长讲解的知识点着重记忆；二是，注意老师讲课的时间分配，对讲解用时较长的知识点着重记忆；三是，注意老师讲课时的引证，对引用较多非课本内容进行强调的知识点着重记忆。

当然，这些方法都建立在预习的基础上，在课后加强复习则能有更好的效果。同时，大学生还可以在上课前多与辅导员、学长学姐接触，咨询任课老师的讲课习惯，了解他们讲课的风格，以便更好地在课堂上把握重点。

（三）重视预习与复习，重点学思考方法

高效率地听课不仅要求大学生训练自己把握重点的能力，更要求大学生学会老师的思考方法，从而举一反三。要把握老师的思考方法，大学生需要结合预习、听课和复习的过程反复思考。预习时，查阅参考书以尽量解决自己不明白的问题，将实在无力解决的问题标注清楚，同时标注出自己的思考过程；上课时认真听老师的讲解，将老师的分析要点仔细记录；复习时仔细阅读老师的分析要点，回忆其分析思路，再与自己当初的思考过程反复做比较，从中体会老师的思考方法。

（四）注意课堂笔记的使用

听课时记笔记既能及时加深大学生对知识点的印象，也能为课后的深入复习准备好相关材料，从而为深入理解和进一步分析创造条件。

（五）注意课堂上的及时反馈，加强与老师的交流

课堂教学不是老师向学生单向传递知识的过程，而是老师和学生双向交流信息的过程。老师提问、学生回答是长久以来普遍采用的教学形式。但大学新生因为教学班的形式、对老师不熟悉等原因，可能对这种教学形式有些不适应。面对老师的提问，多数时候少有立即主动回答的人，被点名提问的人在回答时往往也不够自信，甚至还有的人沉默不答。大学老师会希望启发学生们主动思考，期待学生们主动发言，以实现思想争鸣。同时，大学老师与学生之间不够熟悉，难以

记住所有学生的姓名，这也使得大学课堂上的提问常是面向所有学生的，需要学生们主动回答，这与中学教育中的指定人提问截然不同。教学班导致学生们彼此间不够熟悉，主动发言的学生可能会被人误解为"做作、显摆、巴结"，这会降低大家主动发言的积极性。而且，在大学，回答问题的情况可能会被记入平时成绩，这无形中增加了学生们回答问题的压力，削弱了他们的积极性。

但是，问答的教学形式能锻炼大家的语言表达能力和反应速度，变被动听课为主动参与，从而提高听课效率。因此，大学生不能丢失这种好习惯，也不能失去这种与老师直接交流的好机会。

（六）重视课后的沟通反馈与练习

前文已经提及，良好的沟通反馈能为大学生听课、掌握知识、掌握学习方法创造更好的条件。而练习则能使大学生熟能生巧，实现对知识的运用。

二、怎样记笔记

记笔记是一种创造性的思维过程，也是将感知到的内容通过联想、分析、综合转化为文字的复杂思维过程。笔记由来已久，大家熟悉的诸多名人都有记笔记的习惯。作家果戈理一生最大的"嗜好"就是记笔记，他被人们称为"笔记迷"。我国教育家徐特立向青年朋友介绍学习经验也强调"不动笔墨不看书"。

因为记课堂笔记受到课堂时间的限制，并且课堂上的内容通常不会重复出现，所以相对于记读书笔记，其思维过程更加复杂，更需要同学们对理解能力、思辨能力、表达能力与总结归纳能力等的综合运用。20世纪70年代，心理学家开始研究笔记，认为笔记的贮藏功能体现在复习时笔记可以唤起学生对讲课内容的再认识，巩固所学的内容；同时笔记的编码功能——即按照1、2、3的顺序分层分级编号体现了记笔记的活动本身可以提高注意力，促使精细思维和组织记忆的发展，使同学们较好地理解学习内容；此外，记课堂笔记既需动手，又需动脑，学生要运用所学的知识和语言组织、归纳整理等能力将老师所讲的重点、难点记录成文字。整个过程是学生运用逻辑思维、形象思维与灵感思维的创造性活动过程，是学生理解能力、思辨能力、表达能力、归纳整理能力、创新能力的综合体现。

学生学习目的的差异、能力积累的差异、学科的差异都会对笔记的质量产生影响。为了保证学习效果，同学们必须端正学习态度，重视课堂笔记。

（一）掌握笔记的记录技巧

同学们在记课堂笔记时，要做到一门课一个笔记本，并注重思考；注意对思维方式和解题过程进行记录。此外，要注意根据时间选择记录方式。若老师讲课较从容，时间较宽裕，同学们可以采用准记的方式，这样既能加深理解，又能节约课后的时间。若老师讲课的速度很快，则建议同学们采用略记和补记的方式，将更多的注意力放在听讲上，课后再完善笔记。无论选择采用哪种方式，同学们都应该在笔记旁留有足够的空间，以方便书写批注。同时，同学们可以使用一些有代表性的简易符号和统一的缩略词等来加快记录的速度。

（二）掌握笔记要点的记录技巧

为了达到清晰突出的效果，同学们有必要每个要点都另起一行进行记录，并可采用重点标示法，用不同色彩的笔将要点标注出来。在记录时，同学们可以将相近的观点、相反的观点记录在一起，以方便比较，从而加深印象，方便理解。

三、怎样预习、练习和复习

预习、练习、复习作为学习的重要方法，也需要科学地使用。

（一）怎样预习

常言道："凡事豫（预）则立，不豫（预）则废。"农民在耕地前要"备耕"，工人在生产前要"备料"，战士在打仗前要"备战"，这些都是"预"。同样的道理，学生在上课之前也需要做准备，除了之前提过的做好生理、心理与物质上的准备外，还要做好预习。

预习能使大学生听课时目标更明确，更容易把握课程的重点与难点，更有效地理解知识点；也能使大学生更了解自身的兴趣所在，从而更加主动认真地听课；还能使大学生更有选择性地听课，提高听课效率。更重要的是，预习能帮助大学生养成自主学习的好习惯，培养独立思考的能力，锻炼阅读理解、归纳总结和灵活运用已有知识的能力。这些习惯和能力不仅对大学生的在校生活有益，还将使大学生一生都受益无穷。

有以下几种预习方法可供大家参考。

1. 浏览法

浏览法即在课前对教材内容进行快速阅读，了解教材内容的梗概。大学生在浏览时要眼、心、手并用，做到眼到心到、心到笔到，这样才能在短时间内把握住老师讲课的大致方向，从而在听课时增强主动性。

2. 参考法

使用参考法需要花较长的时间，参考法即在预习时采用详读的方式，并结合其他参考资料，运用自己已经掌握的一切知识，自行慢慢研读教材中的各个知识点，以求在课前形成较为全面的思路。因为耗时较长，这种方法一般应在假期和周末运用，是对自学能力最有提升作用的预习方法。

3. 着重精读法

着重精读法是浏览法与参考法的结合，即浏览时对感兴趣或理解不畅的部分进行深入精读，综合运用已有知识与各种资料，将其弄明白。着重精读后，若能将问题搞明白固然最好，但若仍无法理解也不必灰心，只需将这部分标注清楚，并在笔记中写下自己的思考过程，以便上课时着重听讲，直至弄明白这些问题。

4. 笔记法

预习时也可以做笔记，预习笔记能帮助同学们分清课程的重点、难点，让同学们在上课和日后复习时回忆起自己难以理解的部分，还能便于同学们进行比较分析，从而掌握有效的思考方法。

预习时，对于不同的学科应该有所侧重。大学课程较多，若对每门课都采用参考法或重点精读法，那同学们的时间与精力肯定不够用。因此，同学们需要结合自己的能力、专业的方向，有所侧重地对不同的课程上运用不同的方法，如对专业课选用参考法，对公共课选用浏览法，对选修课选用笔记法。

（二）怎样练习

练习是为了获得熟练的技巧而经常进行的行为。学生练习是为了能熟练地运用知识和技能，而经常进行的对所学知识和技能的操作演练。反复的练习能使大家自如地运用所学的知识，并在运用当中进一步加深对知识的掌握，真正实现知识的内化。

1. 通过作业强化练习

进入大学后，学习环境、教学方式的改变，使得同学们对作业的重要性认识降低了，甚至有的同学将作业当成老师下达的"任务"，仅为了取得平时成绩而完成作业。其实，作业是系统学习一门课程不可缺少的一环，它能帮助同学们巩固和消化课堂学习成果，将知识转化为解决问题的技能与技巧，也能提高同学们的科学素养，从而培养同学们准确、规范、快速思考与解决问题的习惯，还能培养同学们的学习责任感，促使同学们随时检验自己的学习效果。因此，在大学中，同学们也必须重视作业，勤于做作业。好的做作业方法能增加同学们做作业的兴趣，也能节约同学们用于做作业的时间和精力。

要端正做作业的态度，首先便要彻底摒弃作业不重要，做作业是为了应付老师检查、获得平时成绩等错误想法。同学们要充分认识并时刻提醒自己作业的重要性，从而以积极的态度对待作业，并主动为自己安排作业。同学们应先做好复习，真正理解课堂所学后再做作业。若对知识点的理解还不透彻，做作业也只是将知识从书本搬到作业本上，而无法真正将知识内化。同时，做作业要与复习相结合。复习的知识点自己是否已经真正掌握，同学们在做作业时便可判断。作业做完以后，同学们也可以进行复习，以深入思考，进一步掌握知识。

2. 通过实践强化练习

实践是对所学知识的实际运用，既能考查同学们对知识的掌握程度，还能考查同学们对知识的运用水平。一要注重实验课。大学中的不少专业课，尤其是理工类的课程都配套开设了实验课。同学们应该充分重视这些实验课，在课上通过动手操作学习有关的实验知识和技能，验证所学的理论知识，同时借实验的机会提升自己的观察、思维与实践能力。二要珍惜课外实践机会。大学尤其重视课外实践的开展，每个专业甚至不同课程都会安排实践环节，同学们一定要牢牢把握这些实践机会，充分投入，锻炼自己的应用能力、劳动能力。

（三）怎样复习

复习是对所学知识的重温和进一步的整理思考，是学习过程中最为重要的一环。复习可以增强对知识的记忆、加深对知识的理解、提高对所学知识的兴趣，并为学习新知识做好铺垫。

1. 按记忆的规律进行复习

早在 1885 年，德国心理学家艾宾浩斯经过系统研究，便总结出了人的遗忘规律。他发现在我们刚结束学习时，遗忘就开始了，短时间内我们便会将不容易理解的知识忘掉。因此，首次复习最好在课堂上就进行，同学们可以利用课间时间，也可以在课后抽出 10 分钟，及时对重点知识进行简单复习。

此外，艾宾浩斯还发现，人的遗忘速度并不是恒定的，最初遗忘速度很快，之后逐渐变慢。因此，我们可以采用先密后疏的方式，有规律地进行复习，即将最初的几次复习安排得相对集中，每次复习时间长一些，随着对知识掌握程度的加深，慢慢加大复习的时间间隔，减少每次复习的时间。这样，在第一次刺激留下的痕迹尚未消失时，紧接着带来第二次重复刺激、第三次重复刺激……如此循环反复，我们就能长久地记住所学的知识。

2. 整理课堂笔记，参阅经典教材与学科前沿资讯，做好复习笔记

记课堂笔记的过程，本身就是对知识点的再思考过程，也就是一个简单的复习过程。但仅是记课堂笔记难以使同学们深入分析问题，而且课堂笔记并非都是准记的，也不能保证重、难点在笔记中突出。为了能将知识理解得更透彻，同学们又必须结合课堂所学进行复习，而课堂所学的很多内容都反映在课堂笔记中。这就要求同学们在复习时对课堂笔记进行整理，分析清楚知识的体系、重点与难点，从而在这一过程中对问题进行深入的分析思考，将知识一一消化。

结合经典教材与学科前沿资讯进行复习将事半功倍。经典教材中，编著者已经对很多知识点进行了整合与分析，同学们复习时能更容易地理解知识。信息时代为同学们获取学科前沿资讯提供了丰富的途径，结合学科前沿资讯进行复习有利于加深同学们对学科的认知，并能习得许多优秀学者总结的学习方法、学习要点，使复习重点更明确、方向更准确。

复习时坚持做复习笔记，记录复习中的思考和分析过程，既有利于加深对知识点的掌握，也能为进一步的学习打好基础。

3. 注意集中与分散相结合的复习原则

复习内容较多的知识点时，集中复习的效果并不好，同学们应该分散复习，做到逐个击破。但复习内容较少的知识点时，或者复习的知识系统性很强时，又或者是在考前复习时，同学们就需要采取集中复习的方法，高密度、高强度地实现对知识的复习。

4. 多学科交叉复习

仅对单一学科进行复习容易造成大脑疲劳，降低记忆力。对多学科、不同内容交替进行复习，则有利于提升记忆效果。

5. 复习中重视自身兴趣点的发掘及举一返三与前沿理论的融合

复习的目的是使知识更加巩固、为下一步的学习打好基础。在复习过程中，应该重视对自身兴趣点的挖掘，找准自己对学科的热爱点，增强学习的主动性，使复习成为知识探索的钥匙，使自己能有选择性地深入某个兴趣领域，与学科前沿尽早融合。

6. 重视与老师、同学的沟通

众人拾柴火焰高，一个人的力量是微小的，在复习时也是一样。同学们在复习时应该重视与老师和同学的沟通，通过有效的沟通，虚心听取他人的意见，使复习效率更高。

四、怎样正确对待考试

考试作为检查学习和教学效果的主要方法之一，是大学学习的重要环节，有以下重要意义。第一，考试是提高学习质量的手段。考试可以促进学生及时复习功课，巩固、扩大和加深对所学知识的理解，培养精确细致、刻苦认真的学习态度。第二，考试有利于学生自我调节。学生通过考试及时了解自己学习的效果和优缺点，就会受到激励或鞭策，增强学习的自觉性和学习兴趣，从而依据矫正性信息调整自己的学习过程。第三，考试能反作用于老师的教学。老师通过组织考试能够比较全面地了解学生的学习情况，这为其制订教学计划、调整教学方法和实施因材施教奠定了基础。第四，学校通过考试能了解教学效果，从而采取措施对教学过程加以改进。

（一）端正考试态度

我们应持一种辩证的态度来看待考试：一方面我们应该看到考试的重要作用，高度重视考试；另一方面我们也要坦然面对考试。同学们要明白，考试只是检验学习效果的一种方法，同时也是检验老师教学效果的方法之一。不重视考试、抵触、抱怨、被动应付、舞弊作假都是不对的，但为考试而考试、以取得好的考试成绩为学习目的等也是不对的。同学们应该以牢固掌握基础知识和基本技能为根本，以综合素质作为自身发展状况的检验指标。

（二）做好考试准备

做好考试准备包括以下 3 个方面。

一是，要抓好平时的学习，不要"临时抱佛脚"。"临时抱佛脚"是指临近考试时才开始死记硬背，这对于做一些客观选择题可能会起到一定的作用，但对于做要发挥想象力、创造力的题目就没有丝毫作用。因此，我们要充分重视并抓好平时的学习，例如，课堂上认真听老师讲课、坚持做笔记；课后注意及时消化、吸收，巩固课堂上学到的知识；按时完成老师布置的各项作业；每学完一章，除了要做好必要的练习外，还要进行自我总结和自我测试。

二是，要制订好考试复习计划，科学合理地安排时间。在大学，每个学期的期末都要考试，而且一般要集中在期末的一两个星期内进行。因此，我们要根据学校的考试安排和自己的情况制订好考试复习计划，把每天的复习划分为几个阶段，分别复习不同的课程。

三是，系统复习与把握重点、难点相结合。在复习过程中首先要进行系统复习，对一门课程的内容进行归纳总结，全面系统地掌握这门课的基本框架、基本概念和基本原理。其次要掌握重点、难点。如果复习时不分难易、不分重点，每次都面面俱到，结果就会越复习越多、越复习越忙。因此，在进行系统复习后，我们要区分哪些内容比较重要，进行多次反复的复习，多做练习，多思考，遇到不懂的问题及时请教老师和同学。在重点复习阶段，我们可将学到的知识条理化、系统化，用简明的语言和图表进行概括，现在流行采用的思维导图就是复习时很好的工具。

（三）调整考试心理，以最佳的状态应试

考试心理对考试结果具有不可忽视的影响。树立"必胜"的信心和适度紧张是必要且重要的。在考试前，用积极的心理暗示来对抗消极的心理暗示，树立起"必胜"的信心，对考试成功十分有利。我们可以经常用坚定的语气对自己说："没有人比我聪明！我也不比别人笨！我能行！这次考试我一定能成功！……"

在树立"必胜"的信心的同时，我们还要知道，虽然过度紧张对考试成功不利，但适度紧张有助于我们发挥出真实的水平。因为适度紧张能使人处于一种临战的最佳状态。在考试中遇到难题时，适度紧张也常使人思维敏捷，更容易找到解题的突破口，也就是"急中生智"。明白了这一点，我们也就不会因出现一点紧张

情绪而过度担心。

（四）诚信考试

诚实应考，遵守规矩，是对大学生的基本要求。大学生群体是一个可塑性很强的群体，如果只寄希望于在考试时投机取巧，就容易养成浮躁、不务实的不良习惯。

考试不仅是对每位应考者专业知识的系统考察，同时也是对个人心理素质和道德修养的考验。面对考试的时候，应遵守考试规则，应带的东西务必带齐，以免影响考试。扎实做好复习工作，不要有任何侥幸心理，即使考试不及格还有补考或重修的机会。要坦然面对考试，在公平的竞争中检验自己，做一个诚实守信的大学生。

第三节 怎样学好实践课

实践能力是大学生应具备的重要能力。因此，大学生在在校期间除了培养高尚情操、学好理论课、塑造健康身心外，还需要重点培养实践能力。

从培养学生综合素质、提升实际动手能力的角度划分，大学的实践课主要分为专业实践课（实验、设计、生产实习等）和社会实践课（美育劳育实践、假期社会实践、社会调查等）。这里主要探讨专业实践课的学习。

一、学好实践课的重要性

总体而言，实践课的重要性可以归结为以下3点。

（一）强化理论基础和提升能力

多年的人才培养实践已经证明，同学们在抓理论课学习的同时，更要注重理论联系实际，积极实践，在各类实践过程中加深对专业知识的理解与认识，从而提高自身的思辨能力。

（二）培养求真的学风和务实的作风

实践是检验真理的唯一标准。同学们在实践过程中，灵活运用理论知识，亲身体验理论知识的真理性和客观性，这不仅锻炼了他们的实践技能，还提高了他们对专业知识的认知水平，营造了不断追求真理的学风。在实践过程中，同学们有了更多更深的互动，这有利于培养他们实事求是的作风和客观、科学的态度，以及严谨求实、精益求精、勤奋刻苦及坚韧不拔的品质，为他们今后形成良好的工作作风打下了坚实的基础。

（三）培养创新意识和创新能力

实践课是大学教育教学体系的重要组成部分，是培养学生创新精神和实践能力的重要途径，它不仅担负着训练学生实践操作的具体任务，有利于培养学生将理论与实践相结合的习惯，提升学生的综合动手能力和专业素质，更重要的是还能培养学生自觉和独立思考探索、归纳分析、综合交叉、求实创新的意识。

二、大学专业实践课的形式

不同的专业实践课的开展形式不同，同学们可以通过实验学习、设计学习、实习／体验学习三种形式参与实践课的学习。

（一）实验学习

实验学习是通过在实验室中做实验，观察事物的现象、变化，获取和验证知识的一种教学方法。只有全面理解实验教学内容，学生才能弄懂科学原理，掌握实验技术，学会用实验方法解决实际问题。由于实验室作业具有简化、纯化、强化的自然过程，以及可重复的特征，实验教学的特点主要表现在以下方面：通过人为地确立影响因素，对可再现的对象进行验证和研究；在专门安排的时间内进行验证和研究；能够用改变对象成分的办法进行验证和研究；借助仪器装置收集和分析反映对象的数据；应用统计方法对数据进行处理；运用实验结果验证理论原理。

实验学习的基本做法是根据教学要求制订实验方案、准备实验条件、进行实验、观察实验现象、取得和分析实验数据、得出实验结论并写出实验报告。这个过程是递进的、连续的，缺少任何一个环节都不是一次完整的实验，也达不到实验要求和实验目的。因此同学们要严格按照以上 6 个步骤来完成每一次实验课。

（二）设计学习

设计学习，是指通过设计作业（课程设计、毕业设计）使学生面对模拟或实际的社会需求，运用所学的知识，提出自己的技术设想和可付诸实施的方案、图示和说明，以在较大程度上培养学生的自学能力、解决问题能力、组织和创新能力，作为学生在某一阶段或者整个在校期间的学习结果的教学方法。设计教学的特点表现为目标明确（社会在某些方面的需求）、多方案性（对同一目标构思出多种方案，进行分析比较，确定最佳方案）、多约束性（受学科基本规律的限制，受资金、人力、物力、技术条件的限制，受生产设施和材料来源的限制，受法律等因素的限制）。

设计学习的基本做法主要有采用多方法、可扩展的题目，以便发挥同学们的创造性；考虑各种约束条件，以便训练同学们综合运用所学知识解决问题的能力。同学们要在设计过程中重视资料检索、运算、绘图、写作等方面的技能训练，讲究运用好的设计方法、规范化的设计程序和正确的设计结果表达形式，写（或画）出符合设计要求的设计说明书、计算书和设计图纸。

（三）实习 / 体验学习

实习 / 体验学习，是指学生以实际工作者的身份，在现场工作人员和教师的共同指导下直接参与生产过程，完成一定的生产任务，通过实际工作学习知识和技能，培养能力。实习 / 体验学习，是指学生走入理论学习依托的生产场景、展示场景进行知识点的感受和认知。

实习 / 体验学习的作用是贯彻理论联系实践的原则，使同学们学到实际的生产技术和管理知识，或是实地体验理论教学环节中介绍的知识与方法；可以对同学们的专业知识和技能的实际水平、为祖国建设服务的专业思想，以及劳动纪律与职业道德进行综合性的社会检验；能使同学们对理论知识有更直接的生动认知。

大学不仅是同学们学习科学文化知识的殿堂，而且是同学们提升能力、展示才华、增加自身潜在价值的广阔舞台。动手能力、知识感悟能力、知识应用能力都已成为同学们毕业后用于竞争的核心能力，实践学习就是要培养同学们将理论付诸实践的劳动能力。因此，面对实践课，同学们要摒弃重理论轻实践、重知识学习轻动手能力培养的错误观念，要强化实践意识，重视实践学习的每一个环节，充分发挥个人的主观能动性，在实践学习中做到严谨认真、一丝不苟，把知识学习同实践锻炼有机结合，将自己的知识优势转化为能力优势，使自己的人生不断升值。

第五讲

全面理解：培养与管理

　　作为一名大学新生，我们要始终 "不忘初心、牢记使命"，在新的学习环境中不断进取、探索前进。在进入大学之后，我们需要适应新的培养体系，熟悉学分制管理的有关情况，从而规划好自己的学习计划，顺利完成学业。在大学中，我们将面临更加开放和自由的学习平台，这意味着我们需要更加自主，根据自身的兴趣和发展方向来选择专业课和课程。同时，我们也需要了解各个专业的区别和培养要求，为未来的就业和职业发展做好准备。学分制管理是大学教育的重要组成部分，我们需要了解如何网上选课、如何获取学分，以及如何查看自己的学分记录。掌握这些知识有利于我们更好地规划自己的学习计划，确保在毕业时能够满足学分的要求，并达到自己的学业目标。

第一节 大学的培养体系

党的二十大报告指出:"教育是国之大计、党之大计。培养什么人、怎样培养人、为谁培养人是教育的根本问题。育人的根本在于立德。"这些重要论述为新时代我国大学教育的发展指明了方向、确立了目标,意义深远。大学作为人才培养的主阵地,承担着为党育人、为国育才,培养社会主义建设者和接班人的重要使命。要形成高水平的人才培养体系,大学必须首先明确"培养什么人"。高水平的大学人才培养体系必须落实立德树人的根本任务,让立德树人的实际成效成为大学人才培养工作的衡量标准。要真正践行为党育人、为国育才的初心和使命,打造全过程思想政治工作体系,大学要在专业选择、培养方案、课程设置与选择等各个方面和环节上下功夫,激活人才培养动力,形成协同协作、同向同行、互联互通的高质量人才培养工作新格局。

一、专业——理想与现实之间

选择专业与选择未来的职业联系密切,重要性不言而喻。一方面,新高考背景下,志愿填报模式从原来的以学校为主、兼选专业的模式,改成了"专业(类)+院校"模式,这改变了以往的专业调剂问题,让学生所报即所学,多数学生可以选上自己心仪的专业。另一方面,学生最好综合考虑自身情况及现实情况等因素去选择专业,具体可以综合以下几个因素进行考虑。

(一)专业无冷热,兴趣排第一

理想与现实的冲突一直是困扰人类的难题。而对于学生来说,这个问题也尤为突出。在专业的选择上,很多学生都会服从现实,听从父母或身边人的建议,选择一个自己并不喜欢但相对好就业的专业,放弃选择自己感兴趣的专业。而一些坚持理想、选择自己喜欢的但相对冷门的专业的学生,又容易在就业时碰壁,找不到职业发展的方向。

其实，理想与现实并不矛盾，要平衡好这两者的关系，关键在于我们的价值判断，如对成功的评判、对幸福的评判、对收获的评判。成功的标准是否为赚很多的钱，幸福的标准是否为拥有名和利，收获的多少是否为拥有的物质的数量。其实成功与否并不能完全依靠赚钱的数量来衡量，拥有的钱再多，如果精神世界贫瘠，那么人生也不能算是成功的。幸福与否不是看拥有多少名和利，而是要看内心是否能够感到平和、满足与感恩。

如果你已经迈入大学，专业已经不可更改，那么无论这个专业是否为你感兴趣的，你都应该认真面对它，而不是一味地为了"打翻的牛奶"而哭泣。行业的发展、社会的发展都是动态、多元化的，在过去的 10 年之中，所谓的热门专业便经历了数轮更替。对于大学生来说，专业的选择固然重要，但更重要的是在大学里学习的知识，以及培养的知识迁移能力，分析、解决问题的能力，思辨、创新能力。这些知识和能力是在任何行业、任何领域都可以让自己取得优秀成绩的核心素养。

当你的专业符合自己的理想时，那么你就应该为了自己的理想勤于钻研、勇于实践、积累经验，往自己感兴趣的方向深耕不辍，这样你走进社会的时候总会找到让自己发光发热的机会。当你的专业暂时不符合自己的理想时，不妨将专业作为实现理想的奠基石，学好专业知识、锻炼好专业技能，为实现理想积累更多的物质、社会资源，打造好个人素质基础。这样当能实现理想的机会来临时，你才能有能力去抓住它，并迅速展开实践。

（二）尽快适应自己所选的专业

大学生对所选专业不感兴趣是普遍存在的现象。绝大部分大学新生刚入校时对所学专业缺乏客观、正确的认识，甚至一度感到迷茫，很多人进校后立即着手转专业，其实他们中的大多数人并没有十分明确的目标，容易在各个专业间摇摆。除非有特别明确的目标，一般情况下，不要轻易转专业，我们首先要试着了解自己所学的专业、适应自己的专业。

1. 改变片面认识，深入了解专业

同学们在对自己所学专业感到并不称心如意的时候，千万不要轻易地下结论，应通过各种途径加深对相关情况的了解。同学们可以咨询本专业的老师或学长学姐，倾听他们对本专业情况的介绍，也可以更多地接触本专业的理论知识，参加一些与本专业相关的实践活动，在实践中加深对专业的了解。

2. 改变原有态度，培养专业兴趣

有一部分同学存在专业定位上的偏差，这部分同学可以针对自己所学专业的特点，通过改变原有态度、培养专业兴趣，从而改变对专业原有的认知。

（三）转专业：前途是光明的，道路是坎坷的

也许有一部分同学因为调剂等原因确实选择了不适合自己的专业，对他们来说，转专业无疑是一次重新选择的机会，但这往往伴随着一定的风险。大学的学习是非常专业、系统和艰难的过程，不是一蹴而就的。大家可以注意到，很多同学在做出转专业的决定之前，仍缺乏对自我、对专业的了解，以致其转专业的行为带有较强的盲目性。有些同学转了专业后发现新专业也不适合自己，从而对新专业也产生抵触心理；还有的同学因为跟不上学习进度，最终选择放弃对新专业的学习。因此，不管是转专业之前的充分准备，还是转专业之后对新专业的适应，都需要花大量的时间和精力。

目前，各大学普遍都有转专业的相应规定。一般来看，要想转专业，一是要有优秀的学习成绩；二是要有对新专业的深入了解，之前应当学习过相关理论课程；三是要有不怕吃苦的劲头，要利用比同专业同学更多的时间去学习落下的专业知识。因此，转专业的过程充满了挑战。

二、培养方案——人才培养的纲领性文件

为深入贯彻落实《教育部关于深化本科教育教学改革全面提高人才培养质量的意见》及《普通高等学校本科专业类教学质量国家标准》文件精神，进一步加强本科专业内涵建设，探索特色鲜明的人才培养途径，培养高素质拔尖创新人才，优化本科专业课程体系和本科生知识结构，作为人才培养目标、培养模式、培养体系的具体载体的人才培养方案，是当前实施人才培养和开展质量评价的基本依据和规范性文件，也是目前高校教育改革工作的重中之重。

（一）高校人才培养方案体系介绍

高校是培养社会优秀人才的高等学府，随着社会多元化的发展，社会对人才的需求也更趋于多元化，所以怎样培养更多具有创新意识和创新能力，能够主动适应并引领社会发展的优秀人才，是高校目前应该高度关注并力求解决的难题。

要解决这个难题，选择合适的人才培养方案至关重要。它反映高校的教学水平、教学计划，以及人才培养目标、要求、模式等，是高校组织教学过程、安排教学任务等工作的重要依据，是指导同学们完成学业的纲领性文件。因此，读懂自己专业的人才培养方案对于每一位同学来说都是至关重要的。

综合来看，高校人才培养方案在建构中应关注学生个性化发展、学科交叉融合等方面，并应考虑职业导向、企业需求等因素，以培养视野开阔、具有综合性能力、适应未来就业需求的高素质人才。同时，高校应加强对人才培养方案的质量评价，关注人才培养方案与社会需求的对接，提高人才培养方案的实际效果。

人才培养方案的具体内容大致包括：修业年限及授予学位名称、培养目标、专业特色、主干课程、采用双语教学的课程、选课指导、实践环节及要求、学分分配、专业教学计划、各学期应修学分分布等。例如，清华大学和复旦大学作为研究型大学，在对本科人才制定培养方案时，提出了建立在通识教育基础上的宽口径专业教育这一基本理念，其目标不仅是要培养具备理论知识和专业技能的人，更是要培养具备远大目光、通融识见、博雅精神和优美情感的人。在这一培养模式下，学生能构造出合理的知识结构，发展全面的人格素质与广阔的知识视野。与研究型大学相比，教学型或者教学研究型大学的人才培养方案侧重于培养学生的应用能力和实际动手能力，这类大学占高校的绝大多数，兼有精英教育和大众化教育的特征，着重培养应用型人才。例如，西南科技大学的本科人才培养方案明确提出："培养具备实践能力和创新潜能，具有为高层次后续学习和终身学习奠定基础的可持续发展能力，具有高度社会责任感的高级应用型人才。"

近年来，随着国家人才培养政策的不断升级和完善，高校人才培养方案的内容和评价标准也在不断发生变化。例如，中华人民共和国教育部提出了加强学科交叉融合的新要求，以及鼓励高校推进创新创业教育、强化社会实践等方面的政策措施。在此基础上，高校应该更加注重学生的综合素质培养，注重培养学生的创新能力、实践能力及创业精神，使学生能够顺利适应未来就业市场的需求，为个人的职业发展打下坚实的基础。

（二）在培养方案基础上明确自身的学习计划

学校的人才培养模式和培养方案给同学们创造了个性化发展的空间，同学们需要熟悉本专业人才培养方案，然后根据自身实际情况设计自己的学习计划，通过对不同课程的组合，实现自身的发展目标。

当然，同学们在此过程中需要注意一些问题。首先要进行自我分析，分析自己的学习特点。每个人的学习特点不一样，有的记忆力强，有的理解能力强，有的想象力丰富，等等，只有明确自身特点、对症下药，才能更好地制订学习计划。而后要分析自己的学习现状，明确自己的成绩，将现在的成绩与过去的成绩做对比，观察并分析其发展趋势，进一步完善学习计划。最后应注意学分的基本要求，在选择课程时，要合理搭配不同学分的课程，同时，要注意选修课程的总学分达到要求。

另外，同学们还要重视与辅导员、专业老师等的沟通。由于同学们之前的知识结构基本上都是围绕高考建构的，选课经验和能力有限，有的同学在选择课程时往往凭一时感觉，选择容易通过的、易学的、印象好的课程，也有的同学在选课时无所适从，导致自己的课程结构、培养体系杂乱无章。因此同学们应在老师的指导下积极进行学业规划，科学、合理地设计学习目标和任务。

三、课程选择——规定动作与自选动作的结合

大学允许学生对学校所开设的课程进行一定程度的自由选择，包括选择课程、任课教师和上课时间等。我们在选课前需要对自己专业的人才培养方案有非常清晰且全面的了解，选课时一定要根据自身情况和兴趣等进行综合考虑。

（一）大学的课程设置

根据大学的人才培养方案，课程一般可分为 4 类，如果加上实验、实习和毕业设计，整个课程体系就包括 5 个部分，如图 5-1 所示。

图 5-1　课程类型

我们在选课时应注意以下几点。

（1）认识到公共课的实用价值并端正学习态度，努力把对公共课的间接兴趣

转化为直接兴趣。总体来说，大学生对公共课的学习积极性普遍不如专业课，有相当一部分同学持消极应付的态度，学习目的不明、目标不清、动机不强。例如，一旦老师的讲课风格不符合自己的"胃口"，有些同学就不想认真学。因此，同学们应端正对公共课的学习态度，充分认识到公共课对自己的实用价值和重要意义，认真学好这些课程。

（2）明确目标，主动克服困难，不断增强学习动机和兴趣。在学习专业课时，同学们需明确学习目标，即要想明白自己应朝着哪个专业方向努力，在此基础上不断增强学习动机和兴趣，主动克服各种学习困难。

（3）对选修课的学习应避免浮于表面。同学们对选修课一般兴致较高，认为上选修课可以开眼界、长见识、扩大知识面。而且选修课的学习要求较为宽松，同学们较少产生逆反心理。但选修课在同学们心目中的地位和分量一般不如专业课和公共课，能认真学习的同学不多，大多数同学表现出学习目的较模糊、学习动机不强、上课注意力不易集中等特点。因此，同学们在学习选修课的过程中应注意不要仅仅停留在表面，尤其要杜绝为了获取学分才选修某些课程或"选而不修"的不正常现象。

（4）实习是大学宝贵的机会，是大学教育过程中一个极为重要的实践性教学环节。通过实习，同学们可以在社会实践中接触与本专业相关的实际工作，增强对专业的感性认识，培养和锻炼综合运用所学的基础理论、基本技能和专业知识，独立分析和解决实际问题的能力，把理论和实践结合起来，提高实践能力，为毕业后走上工作岗位打下一定的基础。

（二）选修——兴趣优先，兼顾学分

大学选修课可以分为两类：一种是公共选修课，另一种是专业选修课。大学生在选择选修课的时候要认真对待，不要仅为了修学分。学生可以选择自己喜欢的专业和自己感兴趣的选修课，不再局限于固定的课程中，大学里很多选修课不仅具有实用性，还具有趣味性，不仅可以让学生了解更多专业领域上的知识，还能激发学生的学习兴趣。在大学选修课的选择上，如何规划更合理？以下是几点建议。

1. 技艺在精不在多

选修课不是上的课程数越多越好，要保证自己能真正地学到知识，而且辅修和第二学位正常来说是要交学费的，学生可以综合考量，不要盲目选择。

2. 看好难易程度

在选修课程的时候要看好课程的难易程度，如果选到自己不擅长的课程，又没有好好用功的话是很容易出现不及格的。

3. 趣味性和实用性可以兼顾

学生在选择选修课时，可以先主选一些比较实用的技能型选修课，再配上自己感兴趣的趣味性选修课，做到劳逸结合。学习的过程应该是愉悦的，只要是学校允许开设的选修课，都有其独有的教育意义。

第二节　大学的学分制管理

同学们踏入大学校园时会了解到一个新名词——学分制。那么什么是学分制，学分制有哪些用处，如何适应学分制管理等，这些都是同学们在正式开始大学学习之前必须知晓的。下面将向同学们介绍大学学分制管理的有关情况及特点，以帮助大家更好地适应大学生活。

一、学分制 ABC

培养学生的创新精神，彰显学生的个性越来越成为时代对大学教育的要求。学分制正是大学为了满足学生多样化的学习需求、培养其个性、提高其就业能力而采取的一种弹性学制，它充分体现了以学生为主体、尊重学生个体差异、注重学生个性发展的现代教育理念。

（一）学分制的概念

《中国大百科全书》第三版中对学分制的定义：高校以学分作为计算学生学习量的基本单位，并以取得最低必要学分作为学生毕业的标准和依据。

用一个比较形象的说法，学分制就如一个教育超市，学生选课像在超市选购商品，学生可以根据自己的兴趣爱好、学习潜质等安排学习计划，是攻读一个还是两个学位，是否跨专业、跨学科选修课程等都可由学生自由选择。

（二）学分制与学年制的区别

在学分制模式下，学校将教学计划规定的课程及相应的全部教学环节，以学分的形式进行量化。学生最终以取得必要的最低学分和绩点成绩作为毕业标准，且学习不受时间（学习年限）限制。和学分制恰好相反，学年制是指不考虑学分，由学校按系科、专业统一制订教学计划，规定学生的学时数、学习年限和应修课程。学校通过评估学生在规定的年限内是否完成了规定的必要课程，是否通过相应的课程考试等要求来作为能否准予毕业并授予学位的评判标准。20 世纪 90 年代以前，我国的大学基本实行学年制教育模式。新生进入大学之后，会被按照录取的专业编入相应班级，同一个班的学生课程一致，基本没有选修课，需按照既定的学习进度完成各门课程。学分制与学年制的区别见表 5-1。

表 5-1　学分制与学年制的区别对照表

项目	学分制	学年制
计量单位	学分	教学时数
课程	可选择	不能选择
目标、过程管理	强化目标、放开过程	强化过程
教学计划与学习进度	弹性	刚性
学习生涯设计	主动，可自我设计	被动、固定
收费	强调按学分收费	强调按学年收费

（三）实施学分制的意义

目前，我国多数大学都采用学分制，以给学生自由选择课程、讲课教师、学习时间的权利，减少必修课数量。这一方面使学校和教师有提高教学质量的动力，另一方面也为评价教师提供了实践依据。实施学分制的具体意义还体现在以下几方面。

1. 符合以人为本的全面发展观

我国传统的高等教育模式过于强调整齐划一，对于教育教学的管理过于死板，缺乏灵活多样的机制。来到新的历史时期，社会对人才的需求在时间、空间、类型、规格上的多元化特征更加突出，更加强调对个体的尊重，这把实现个人发展与社会进步紧密联系起来。学分制是以学生的发展为中心，适应学生个体差异的弹性教学制度，充分体现了当代以学生为主体的教育观念，从而满足了学生和社会的多元化需求，是"以人为本"的生动体现，为实现个体的全面发展奠定了良好的基础。

2. 让学生享有更多的自我设计与自主选择的权利

在学年制教育模式下，统一的学习时间、内容、进度和规格，过于强调教学过程的严整性，忽视了学生的个性差异，如此培养出来的学生适应面比较窄、就业面比较单一；而在学分制教育模式下，学生按照不同的兴趣爱好、年龄经历、文化基础、就业目标，选择不同的课程与学习方式，这样培养出来的学生"一专多能"，适应面较宽、就业机会较多。

3. 能更好地激发学生的学习动力

学分制提出的自主选择、强调个性的教育教学理念满足了学生对学业进行自主设计的愿望，充分调动了其学习积极性。

4. 督促高校不断提供更多优质教育资源

学分制的核心是选课制，因此高校必须提供丰富的课程，这是学分制实施的前提和保证。高校需要在教师数量和水平、课程开设数量、实验条件、图书馆条件等方面进行优化。因此，实施学分制对高校来说是一种挑战，督促高校必须在软、硬件上下更大功夫，不断增加教育资源数量，努力提高教育资源质量，满足学生的切实需求。

二、学分制下广阔的学习空间

在学分制下，我国高校给学生提供了充足的选择机会。虽然不同高校的情况不尽相同，但总体说来，学分制教育模式涉及的内容有以下几方面。

（一）弹性学制

弹性学制是在学分制的基础上，学生的学习内容和学习年限具有一定的可选择性和伸缩性的教育教学模式。它的最大特点在于学生可以提前毕业，也可以滞后毕业，即延长学习时间。具体而言，在弹性学制下，学生学制为四年制的，学习年限可以为 3~6 年；学制为五年制的，学习年限可以为 4~7 年。与此同时，在弹性学制下，高校还要求学生各学期的课程分布应比较均衡，避免出现某个学期课程太多或太少的情况。下面就具体介绍弹性学制中几个学生非常关心的问题。

1. 提前毕业

不同大学申请提前毕业的条件不同，但大多有以下几点。

（1）学生在修业期限内需要提前修完所学专业教学计划规定的课程，并且总学分达到要求，德智体水平合格。

（2）申请提前毕业的时间是有规定的。有的学校是以学年为单位，而有的学校则是以学期为单位；有的学校接受提前半学年毕业的申请，有的不接受。

（3）申请提前毕业的学生需要先向学院提交书面申请报告等相关材料，由学院主管教学的老师审核之后，报学校教学管理部门批准。只有学校教学管理部门审核通过后，才可以由学院安排提前毕业的有关事宜。

2. 延长学习年限

如果有些学生到毕业之际没有修够要求的学分，可以提出延长学习年限的申请，被编入同专业低年级班级学习。如果有学生在学分制规定的学习年限内，修读课程并接受考核后仍有不及格的课程或者毕业学期课程（含毕业实习、毕业设计、毕业论文）考核不及格，或者未修完教学计划规定的各类课程，将按照"结业"处理。在延长学制的学年中，学生每年需要向学校申请选修不及格的课程，学校安排统一考试，所有课程考核合格后学校才发毕业证书。如果有学生在修业期满后仍然有课程没有通过，没有达到毕业的标准，学校将按"肄业"处理。

3. 休学

学生如果有各种原因需要暂时中断学业，经学校批准可以办理休学手续。一般休学年限不超过 2 年，原因包括生病、应征入伍、留学等。休学时间以学年为单位，休学期间学生自行来校上课取得的成绩无效。学生在办理休学手续后，学校将保留其学籍，该学生不享受在校生的各种待遇，不能评奖学金、不能享受助学贷款，发生事故时学校也不承担责任。休学期满后如果该学生需要继续休学，应当办理续休手续。一般，学生如果在学校规定的时间内不办理续休手续且未返校，学校将取消其学籍。

（二）转专业

本讲前面部分已经介绍了关于转专业中专业选择的问题。以西南科技大学为例，本专科生转专业相关流程严格遵照《西南科技大学在校本科生转专业管理办法》（西南科大发〔2018〕3 号）、《西南科技大学本科专业大类招生与培养改革实施方案（试行）》（西南科大发〔2019〕8 号）、《西南科技大学大类培养专业分流管理办法（试行）》（西南科大发〔2019〕14号），以及《关于开展2022年度本科生申请转专业和大类分流工作的通知》（西南科大教务通字〔2022〕8号）等有关规定，此外，各学院对转专业的要求是不一样的。因此，学生确定转专业之前务必认真仔细且全面地了解要转入学院的相关规定和要求，并且在转专业成功以后，及时了解新专业的人才培养方案，对新专业有关课程进行"补课"。

（三）双学位和辅修

双学位和辅修是高校提供的两种不同的学习方式。双学位，是指深入学习不同领域的课程，以获得两个学位。这种方式可以让学生学习两个领域的知识和技能，并在毕业后的职业生涯中更加具有竞争力。一般来说，学生需要在大约5年的时间内获得两个专业所要求的学分，并且要满足每个专业的要求。具体的时间和学习计划根据学校和专业的设置而有所不同。

辅修是一种学习少量其他专业课程的学习方式。学生可以在主修专业之外选择少量的课程来扩展自己的知识领域，并加强自己在职场中的竞争力。一般来说，辅修只需要学生修够一定数量的学分，并满足学校的要求即可，且只持续2~3个学期。但是需要注意的是，由于辅修的内容较少，因此学生不会获得另外一个学位。各高校对修读辅修专业的规定不尽相同。比如西南科技大学在本科教育阶段实行主修与辅修并行的政策，使一部分成绩优良、学有余力的学生可以在学习一个专业的基础上辅修其他专业，并制定了相应的辅修专业实施办法。

（四）交换生和留学生

交换生项目又称学校间学生交流计划，是以促进不同地区、国家人民间的相互理解、尊重，培养青少年的正确世界观为宗旨的项目；是按照与国（境）外院校签署的校际学生交换、联合培养合作协议，双方互派学生到对方学校进行不超过一年时间的学习（包括教学实习、课程学习、合作研究等），双方互认学分，交换生互免学费、联合培养生缴纳学费（其他费用自理）的项目。交换生的选派原则是"学生自愿报名，学院择优推选，学校集中评审，学生签约派出"。选拔交换生的标准为学生学习成绩优秀，且按培养计划要求无不及格课程，具有扎实的专业知识和较高的外语水平，在校期间表现优良，无违法行为或严重违纪行为，并符合交换院校的其他特殊要求等。学校派出的交换生、联合培养生在外学习期间仍为在籍学生，应完成学校教学计划规定的课程，其毕业条件和校际交换项目涉及的课程及学分，由国际合作与交流处负责与教务处等会商，并根据校际协议条款，以及接收院校的通知或者成绩单予以认定。

三、学业预警及学业警示

在学分制下，学校会对未达到要求的学生进行学业预警或学业警示。学业预警，是指对学生的学习状态和学习效果进行预警，通过学校、家长、学生三方之间的沟通、协调，促使学生努力学习、改进方法，顺利完成学业。学业警示是对已受到学业预警且未有效改进的学生予以学籍警示。

学业警示比学业预警更加严重，学业预警就像我们每个人定期的健康体检一样，重在预防和及时调整。学业预警不属于处分。而学业警示则是指学校依据学籍管理规定和专业人才培养计划要求，对学生每学期学习情况进行统计，对学生可能或已经发生的学习问题和学业困难进行警示，告知学生本人及家长可能产生的不良后果。

以西南科技大学为例，各个学院对学业预警的规定是不完全相同的，但是基本条件：上一学期不及格课程学分总和达 15 学分及以上，必修课不及格课程达 3 门，选修课不及格课程达 4 门。

第三节 网上选课

对于习惯了中小学分班上课方式的大学新生来说，选课是一件陌生而又新鲜的事。大学的课程令人眼花缭乱，课程体系结构也复杂多样。想要在大学里顺利完成学业，我们只有充分了解选课制，才能掌握学习的主动权。

一、选课制

选课制，是指在学校中，学生在规定的时间内选择自己将要学习的课程的制度。学生可以根据自己的兴趣爱好、学习计划等因素，自主选择所需学习的课程。在选课制中，通常会有一定的规则和限制，比如选择的课程必须满足某些先决条件或要求，学生需要获得教师或导师的批准等。选课制的作用是让学生更好地根据自己的需求来选择适合自己的课程，从而达到更好的学习效果。

二、选课模式

学分制实行程度不同的学校对选课的开放程度也不相同。例如，采用学年学分制的学校，对选课的自由度有限制，专业课基本不参与选课，仅开放公选课；有的学校则是各类课程都参与选课，学生不但可以选时间，还可以选老师，有相当高的自由度。

另外，开放选课的学校一般都会有一套网上选课系统，学生使用网上选课系统选课需要有一定的网络知识和计算机操作能力。弄清楚选课的规则，弄明白选课的基本操作，选课最基本的问题也就解决了。

三、选课技巧

在大学，选课是一件十分重要的事情，因为它不仅涉及学生的学习成绩，还关系到学生未来的发展方向。因此，在选课之前，我们需要认真考虑以下几方面，以确保最终选择的课程是符合自己的兴趣和职业规划的。

（一）熟悉方案，提前计划

选课有一个非常重要的依据，就是人才培养方案。入学后，同学们一般都会拿到本专业的人才培养方案，掌握本专业的人才培养方案是同学们构建合理的知识结构、顺利完成学业的重要前提。在每次选课之前，同学们要是能认真阅读人才培养方案，提前做好选课计划，比对人才培养方案进行查漏补缺，会对自己有很大的益处。在选课之前，同学们要了解清楚必修课和选修课的数量，一些选修课是第二学期高阶课程的前导课，若想学习高阶课程就必须选修它的前导课。如果已经明确自己未来的发展方向，同学们可以直接选择想继续深入学习的课程。

同学们可以制作一张学习进度表，列出每学期必须学哪些课程、想要学哪些课程，然后对照该表选课，并且标记出哪些选了、哪些没选，用来提示自己在后续的学期补上。期末考试成绩公布后，再把课程的成绩标记出来，提示自己哪些及格了、哪些不及格、哪些该重修。等到再次选课的时候，学习进度表就是最好的指挥棒。

（二）适度调节，宁多勿少

目前，由于许多高校都采取了按学分收费的制度，即对超出总学分要求的学分另外收费，于是同学们常常纠结自己是不是选多课了。其实在选课的时候，多修一两个学分不宜过度计较，但少修一两个学分麻烦就大了。只要有一个小项的学分达不到要求都有可能使学生不能顺利毕业，所以宁多勿少。

当然，我们每个人的精力和时间都是有限的，不可能马不停蹄、日夜不休地学习。所以我们在选课时也不应一味贪多，尤其是不应在低年级的时候就选很多高年级的课程。其中的一个原因是如果没有打好基础就学高年级的课程，学起来会比较吃力，不容易学懂，也不容易拿高分；另一个原因是学习精力是有限的，低年级的必修课程比较多，如果提前学习高年级的课程，本学年学习的质量和效果可能没法保证。有的同学在低年级选了太多高年级的课程，结果不仅没有能够拿到学分，反而留下了很多待重修的课程，这使得其在高年级的学习压力就更大了。凡事都有规律，课程开设的顺序也有其特定的规律，所以循序渐进、逐步积累才是学习的真谛。

另外，选课时不要贪图某门课程简单，或者只关心考试是否容易通过、学分是否好拿，其实真才实学才有含金量，学到自己需要的知识才是最重要的。

（三）掌握规则，求人不如求己

为了管理的规范和有序，学校对选课都会有严格的规定，同学们应该认真地遵守。很多同学往往忽视学校的某些规定，等到出现问题时，才到处找理由乞求学校能网开一面，可是往往为时已晚。要避免这种情况的发生，最好的办法就是了解、熟悉这些规定，并善加利用，防患于未然。同学们一定要认真学习与选课相关的规章制度，随时留意学校各种教学管理方面的通知，增强紧迫感，不要将自己的命运交到别人的手里。

不管是课程体系还是培养模式，大学的学习都与中学的学习有着本质的不同。大学里有专业和专业方向，课程又分为必修课、选修课等，同学们可以修读第二学位，也可以在达到一定条件后转专业，还可以选择缩短或延长学习年限，或根据自己的喜好灵活选择课程……毫无疑问，大学给我们提供了一个自由开阔的空间，给予了我们更多的发展机会和可能。

但这种自由并不意味着无要求、无纪律。正所谓"因教而学"，大学里有严格的考试和学籍管理制度，例如，除了考试成绩，还要考核平时成绩，学分不够不能毕业，要学的课程必须在网上选择，学业出问题时会有学业预警，等等。由此可见，大学的学习紧张而富有挑战，甚至从某种角度来讲，要求很苛刻，同学们应按照学校的要求制订有效的学习计划。通过对本讲内容的学习，同学们应该可以明确自身的学习任务和要求，摆脱在大学里"无所事事""茫然"的状态，遵守学校的学习要求，把压力变为动力，主动适应大学激烈竞争的环境。

总之，在给予同学们更多选择的大学学习过程中，选课是一门艺术，同学们只有做到知己知彼，才能确保在学习中掌握主动。

（四）定期评估自己的选课方案

我们还应该定期评估自己的选课方案，比较自己所选的课程与本专业人才培养方案要求的课程是否一致，检查学习进度和成绩是否符合自己的预期，等等。如果发现了问题，我们应该及时调整选课方案，以便更好地掌握所需的知识和技能。

总之，在大学选课这个过程中，我们应该充分考虑个人规划、课程难度、教学内容和时间分配等因素，制订符合自己实际情况的选课方案。更重要的是，我们也应该定期评估所选课程，发现问题后及时调整，努力提高自己的学习效果。

第六讲

亲密接触：网络与学习

随着科技的发展，当今社会已步入信息化、智能化时代，网络已深深融入人们的日常生活，在人们的学习生活中的作用愈发重要，对生活在校园的大学生更是如此。在高校，课堂教学是大学生学习的主要方式和途径，网络教学也逐渐成为高校一项重要的教学方式。课堂学习往往是有限的，而网络资源非常丰富，学会正确利用网络资源，能够拓宽视野、丰富知识，从而提高学习效率和自身素质。在大学学习中，学生需要有主动学习的态度和自主学习的能力，网络为大学生提供了主动学习的内容和自主学习的途径，大学生应该利用好网络，这是时代发展对大学生素质能力的要求，也是大学生自我发展必须借助的途径。

第一节　网络教育与网络教学

党的十八大以来，习近平总书记多次就继续教育、终身教育、全民教育做出重要指示。党的十九大报告提出，办好继续教育，加快建设学习型社会，大力提高国民素质。全国教育大会上，总书记强调要努力发展全民教育、终身教育；努力让每个孩子享有受教育的机会。党的十九届四中全会指出，"构建服务全民终身学习的教育体系""完善职业技术教育、高等教育、继续教育统筹协调发展机制。""发挥网络教育和人工智能优势，创新教育和学习方式，加快发展面向每个人、适合每个人、更加开放灵活的教育体系，建设学习型社会。"教育是国之大计、党之大计。强国必先强教育，中国式现代化需要教育现代化的支撑。党的二十大报告强调"推进教育数字化，建设全民终身学习的学习型社会、学习型大国"。这为我们推动教育变革和创新、加快建设教育强国指明了前进方向、提供了根本遵循。多年来，高校网络教育与网络教学快速发展，在促进现代信息技术与教育教学深度融合、服务高等教育大众化等方面发挥了重要作用。

一、网络教育介绍

当今世界，科技日新月异，云计算、大数据等现代信息技术深刻改变着人类的思维、生产、生活、学习方式。如何随着信息技术的发展，推动教育变革和创新，建设"人人皆学、处处能学、时时可学"的学习型社会，培养大批创新人才，是人类共同面临的重大课题。推进网络教育是贯彻落实科教兴国战略、人才强国战略、创新驱动发展战略的重要先手棋。我们必须深刻认识网络教育的重要意义，准确把握推进网络教育的重要抓手。

（一）网络教育和网络教学的定义

随着信息技术的不断发展，网络教育和网络教学已经成为大学生学习的一种新方式。网络教育，是指利用计算机和互联网技术实现教育教学活动，通过网络教育平台、网上课程等方式进行学习；网络教学，是指利用计算机和互联网技术实现教师和学生之间的教学交流和教学内容传播，通过网络平台进行教学。

现在，随着网络技术的不断发展，网络教育和网络教学已经成为大学生学习的主要方式。在网络教育平台上，学生可以随时随地选择自己所需的课程和教材，按照自己的节奏学习。此外，网络教育还能够提供一些在线测试和测验，帮助学生检测自己的学习水平和能力。

（二）网络教育发展现状

现代网络教育是时代的需要，它作为一种适应"终身教育"需求的新型教育模式，以网络传递为优势，以开放性和多媒体化为教学特色，以最大限度地满足社会各界求知需求为目的，必将体现出巨大的发展潜力和发展前景。多年来，国内外高校网络教育快速发展，在促进现代信息技术与教育教学深度融合，服务高等教育大众化等方面发挥了重要作用。

1. 国内网络教育发展现状

高校网络教育特指现代远程教育工程中部署的试点工作，是我国高校最早运用现代信息技术开展的远程教育，即第三代远程教育，简称"网络教育"。自20世纪90年代起，伴随着计算机技术与多媒体技术的不断发展，世界范围内的各大高校都逐渐步入了网络教育时代。我国的网络教育始于1994年实施的"中国教育和科研计算机网示范工程"。1998年年末，教育部为构建终身学习体系，选择了4所高校进行网络教育的试点工作。1999年1月3日，国务院批转了教育部印发的《面向21世纪教育振兴行动计划》，启动了现代远程教育工程。2007年之后，我国高校的网络教育总体发展较为平稳，试点单位已经由最初教育部批准的4所高校（清华大学、北京邮电大学、浙江大学、湖南大学）发展到目前为止的67所，加上中央广播电视大学（现名称为国家开放大学）共有68所高校开展网络教育试点工作。经过多年的试点探索，网络教育已成为我国高校开展继续教育的重要形式。网络教育注册学生数逐年增加，高校网络教育已经形成一定的规模，并且开发使用了大量的多媒体教学资源，逐步形成了网络环境下的教学与管理方式，同时吸引了大量社会资金，促进了高校信息化建设。

近几年，我国网络教育实践中涌现出一批值得推广的新模式，例如三个课堂、网络思政大课堂、混合式教学、选课走班、教师走网、城乡教育共同体、综合素质评价、电子学习档案、家校通等。这些新模式为破解教育矛盾、实现教育高质量发展提供了可直接借鉴的方案。在推动网络教育发展的过程中，高校一方面要建设鼓励创新、支持创新的氛围和条件，激发创新活力；另一方面要注重发现和推广新模式，让创新的星星之火可以燎原。

2. 国外网络教育发展现状

美国是世界上网络远程教育规模最大的国家，其远程教育发展迅速。美国的网络文凭和学位与传统学校颁发的文凭和学位一样得到国家和社会的认可。

法国专门成立了国家远程教育中心，负责全国远程教育的开展。该中心成立于 1939 年，历经几十年的发展，目前是欧洲最大的远程教育服务提供者。

可以预见，随着科学技术的不断进步和人类社会发展需求的增长，网络教育领域将越来越多地开展广泛的国际合作，网络教育将实现全球化。

二、网络教育下的网络教学

网络教学是一种新生事物，是一个开放的概念，是指在先进理念指导下，运用网络学习资源，基于教师指导，促进学生积极自主学习，加强师生交流和协作研讨，优化教学过程的教学方式。概括起来就是，网络作为教学的工具，网络作为教学的资源，网络作为教学的环境。

（一）网络教学的特点

利用网络实施教学有以下几方面的特点。

1. 学习和教学更加灵活

网络教育具有突破时空限制的特点，学习者可以根据自身条件和需要选择学习内容、方式和进程。同学们可以通过各种网络平台与媒介以在线互动等方式实施教学及信息反馈、交流。教师将教学要求、教学内容及教学评测等材料编制成多种形式的文档存放在网页（Web）服务器上，同学们通过浏览这些页面来达到学习目的，当遇到疑难问题时，可用电子邮件方式询问教师，教师则通过电子邮件对同学们的疑难问题给予解答。有时同学们和教师之间还可以通过网络的在线交谈方式进行实时交流。

在教学过程中，同学们还可在网上阅读一些教师提供的参考资料，就像我们在学校图书馆中查找资料一样。另外，同学们不仅可以在网上同教师交流，还可以通过网络同其他同学或专家进行探讨，教学活动可以全天 24 小时进行，每个同学都可以根据自己的实际情况确定学习的时间、内容、进度，可以随时在网上下载学习内容或向教师请教。但是，这种教学模式对同学们学习的主动性、自觉性要求较高，而且要取得好的教学效果必须有一套能充分体现教学特点，并能适合网上信息表达与传输的图、文、声并茂的优秀电子教材及与教材紧密配合的信息资料库，从而组成一个完整的网上教学系统。网上实时授课利用先进的网络技术，通过 Internet 实现了同学们与教师、同学与同学之间的交互，在教学手段上又进一步使得网络平台、校外学习中心相辅相成，共同为同学们提供良好的学习环境。网络远程教育对于上班族来说，是最理想的选择，我们可以利用业余时间在家里学习。

2. 突出可重复性，满足学生个性化学习需求

网络教育的目标是服务于同学们的自主学习。为满足同学们较为复杂和个性化的需求，充分应用网络技术提供的便利与先进手段，同时吸收传统教育的精髓，力图在教学手段上有所创新与突破，提升教学服务质量。除了进一步规范校外学习中心的集中面授，加强课件的开发外，网络教育与传统教育方式相比较，另一显著特点是可重复性。网络教育多采用课件方式，每门课程的课件制作是集中多位校内最优秀教师集体合作的成果，同学们一次没有听懂，可以反复播放，可以通过课程学习导航系统辅助学习，直至弄懂为止。

3. 信息量大，共享性强

网络远程教育是一种多元化教育，在利用教学教务管理平台进行有的放矢地答疑的同时，还利用在线视频和在线交流进行教学互动，同时所有信息都分门别类地储存起来，制成网页，共享信息，使资源得到充分利用。

4. 转变教学模式，适应个性发展

通过网络学习，同学们可以根据自己的知识和能力层次较自由地去发现和解决问题，进行探索性学习，从被动接受灌输的地位转化为主动参与和积极探索的主体地位。教师可以通过网络资源，成为同学们学习的组织者、指导者、帮助者和促进者。

5. 信息获取和选择能力的培养得到加强

人类社会已经进入网络时代、信息时代和知识经济时代，网络正成为人们获取信息和知识的主要途径。计算机和网络的知识与技能对于网络教育的同学不再是课程的学习，而是作为学习的工具来掌握，因此，网络教育的同学运用计算机和网络的能力会更强，获取知识和技能的能力更强。

（二）网络教育的教学模式

教学模式，是指在一定的教育思想、教育理论、学习理论的指导下，在大量教学实践基础上建立起来的相对稳定的教学活动的结构框架。网络教学正以其跨越时间空间、信息共享、知识更新快等特点，深刻地影响着我们的学习和生活方式，并逐渐被接受和成为主流教学模式之一。

在这种教学模式中，教学的 4 个要素的地位发生了较大的变化，学生成为学习的主体，是知识的主动建构者，而教师只是教学过程的组织者、指导者、帮助者和促进者，教材是学生主动建构意义的对象，而媒体则是一种认知工具。这种教学模式与现代社会对人才的需求相适应，真正体现了信息化时代的特点。

在这种教学模式下，教师成为学生学习的指导者和获取信息的导航者，他们的主要职能是指导学生正确获取信息，组织、指挥学生学习，协调学生之间的智力交流。学生成为学习的中心和教学活动的主动参与者，可以根据自己的知识水平、爱好及自学能力选择适当的学习内容，通过自己的认识将所学的信息重新编排，通过检索、学习、构思将有关信息组合起来，形成自己的观点；同时，学生还可以利用网络提供的丰富信息资源进行自学，实现"学会学习"的目的。

第二节　网络学习资源介绍

信息时代的学习观，应是人们根据自己的基础和兴趣，主动地、积极地开展理论和实践学习，逐步完善自己的知识体系。这种学习建立在信息的基础之上，并且以网络作为学习环境，称为"网络学习"。现代网络技术的不断发展和网络学习资源的丰富多彩使对网络信息资源的利用渗透教育的各个领域和环节，为教育现代化、教育社会化和学习自主化的发展提供了强大的技术支持和资源保障。目前，网络学习资源正在迅速改变我们的学习内容和学习方式。

一、网络学习资源的定义

美国教育技术与传播协会把学习资源定义为"帮助个人有效学习和操作的

所有东西"。我国有学者认为，网络学习资源，是指通过互联网获取的各种学习资料和教育资源。网络学习资源的概念有广义和狭义两方面。广义的网络学习资源，是指网络中可以用来帮助个人有效学习和操作的任何东西，主要包括网络人力资源、网络信息资源和网络环境资源，其中网络人力资源包括学科教师、教学辅助人员、学生，以及能通过网络联系到的各领域的专家、学者等；而狭义的网络学习资源主要是指网络环境中以知识为载体来传播的各种信息资源。

通常情况下，网络学习资源，是指学习者利用计算机网络开展网络学习活动的各种网络信息资源。这里的"学习者"是指利用网络学习资源进行网络学习的人，如果他们离开了网络手段和网络学习资源进行学习，就只能算是传统意义上的学生或受教育者了。

二、网络学习资源的类型

常见的网络学习资源有网络课程、网络课件、考试网站、电子图书与电子期刊等。

（一）网络课程

简单来说，网络课程是依托互联网环境，在学与教的理论指导下，为达到特定的教学目标，组织实施相应的教学策略，呈现的教学内容和教学活动的总和。网络课程包括教学内容、学习资源、教学策略、教与学活动、学习支持和学习评价等要素。网络课程涵盖范围较广，主要的两种形式就是慕课和视频公开课。视频公开课是网络公开的课程视频资源，辅助观看者自学或按视频步骤实践。每个视频公开课以视频包的形式呈现，供观看者按章节顺序学习。与慕课不同的是，公开课并不提供学分和证书，公开课网站也没有习题练习、在线讨论等服务。

相比较来说，慕课有学期的概念，严格设定开课和课程结束时间，慕课网站除了提供学习的课程视频、课件、讲义、源程序等资源外，还增设了许多辅助功能，如课后作业布置、在线交流和讨论，对学生的作业进行评价，开展平时测验、期中和期末考试，完成课程学习可颁发学习证书并授予学分。

（二）网络课件

目前，在网络教育发展的促进下，网络课件已成为网络学习的主要资源，同时也成为课堂教学的辅助手段。网络课件是在一定的现代教育技术理论指导下，运用网页制作等多媒体技术设计和开发的用来反映某种教学策略和教学内容而被应用于课程教学与学习中的应用软件，它是课件的一种形式。网络课件一般以网页作为其基本表现形式，它将多种媒体类型的教学信息（文本、图形、图像、音频、视频、动画等）按照授课者教学策略的特殊要求，以及学习者的学习特征而进行有效整合，其目的在于促进教师的教学和学生的学习。

（三）考试网站

在互联网中，与考试相关的各类专题网站层出不穷。在这类专题网站中，我们可以获取考试的相关信息。

（四）电子图书与电子期刊

电子书籍，是指将文字、图片、声音、影像等内容数字化的出版物，以及植入或下载数字化文字、图片、声音、影像等内容的集存储介质和显示终端于一体的手持阅读器。电子期刊，是指在国家新闻出版署中正式备案过的连续性电子出版物，又称为连续型电子期刊，简称为"电子期刊"或"电子刊"。电子书籍和电子期刊都是同学们学习的重要参考资料，尤其在写作毕业论文的时候有重要的参考作用。在图书馆只能阅读近几期的期刊，要想阅读以前的期刊或在众多期刊中查询资料，可通过数字图书馆进行查阅。

三、正确利用网络学习资源的意义

网络技术的不断成熟，网络正以前所未有的速度步入现代生活。随着网络技术在教育教学中的应用，人们越来越深刻地认识到了网络对传统教育教学和学习方式的重要性，毋庸置疑，网络学习资源的出现对我们的学习起到了巨大的促进作用。

（一）有利于学习资源的拓展和延伸，学习资源变得更加丰富

网络使学习资源得到了拓展和延伸，使学习资源更加丰富。就目前而言，网络学习资源与传统学习资源同时并存、互相补充、共同发展，这有效促进了学习

资源的不断丰富，为人们开展自主学习提供了方便。虽然传统学习资源在教育活动中仍然居于主导地位，是我们获取知识和培养技能的主要使用对象，但是网络学习资源从各个方面深刻影响着传统学习资源的发展与变革。

（二）有利于实现个性化学习

现行的课堂教学在一定程度上限制了"因材施教"的可行性，一个班的学生采用相同的教材，受相同教师的相同教育，做相同的作业，接受相同的考试评价，所以会有"有人吃不饱而有人咽不下"的情况发生，即基础好、领悟能力强的学生的聪明才智没有得到应有的发挥，基础差、领悟能力弱的学生无法达到教学要求，容易丧失学习信心。网络学习资源的丰富性为学生选择适合自己的学习资源提供了可能，学生可以根据个人实际情况，选择适合自己的学习资源进行学习。

（三）有利于提高学习效率

网络可以作为我们自主学习的重要工具，帮助我们提高学习的质量和效率。例如，我们可以利用网络查找、收集、评价信息，获取实验数据，以及展示、汇报、交流研究成果；可以利用网络模拟研究现实问题，提出解决策略和方案；等等。再如学科网站为我们提供了专门学习某类知识的平台，我们可以根据自己的兴趣爱好，有针对性地、选择性地开展学习。

（四）有利于实现学生的合作式研究性学习

素质教育提出把培养学生开展合作式研究性学习的能力作为一项重要任务。在传统的课堂教学过程中，学生受地域、时间等的限制，合作学习时不能发挥应有的效率，而网络学习的实时在线和交互功能使合作式研究性学习成为可能。例如，同学们可以组建研究性学习小组，以研究小组为单位，以某一研究对象作为主题，确定自己小组研究的子方向，充分利用线上电子资源，在指导老师的引领下开展研究性学习的相关活动。

（五）有利于教育社会化的实现

网络为教育走出校园、迈向社会提供了强有力的技术支持，网络学习资源使传统教育资源真正成为全体社会成员的共同财富和共享资源。这是一个全新的教育社会化、信息化的过程，网络学习资源是一个开放式的庞大网络信息资源共享体系，涵盖了全球不同国家、不同民族、不同语种、不同教育层次和学校类型的教育资源。教育资源正快速从学校走向家庭、走向社区、走向农村，从一个国家走向另一个国家，走向任何网络技术普及和延伸的地方。

第三节　正确利用网络学习资源

作为一种新型的大众传播媒介，网络正以其方便、快捷的沟通交流方式极大地满足人们对信息资源的共享需求，大幅度提高人们的工作效率。大学生是网络沟通与交流的主要参与者，富有理想和激情，敢于探索和追求，具有开拓和创新精神。正确利用网络学习资源，将会对大学生的人生观、价值观产生深远的影响。

一、大学生网络资源需求发展现状

在目前这样一个复杂的网络世界，大学生群体是活跃的网民群体、网络文明建设的主力军。尽管上网已经成为大学生生活、学习的重要方式，但是他们对网络资源的了解还不够全面，对其挖掘与应用仍然有限，大多只是借助搜索引擎进行粗糙的检索，不知如何精准定向和深度挖掘所需的信息、如何对信息进行评估与加工应用。因此，他们需要更加系统、全面地认识网络资源，在此基础上培养寻找和连通网络资源的能力，充分利用网络资源来满足自身认知与发展需求。

（一）大学生网络资源需求的特点

大学生网络资源需求的特点主要有以下几方面。

1. 网络资源需求呈现多样性与及时性

大学生需要获取各种类型的网络资源，他们使用网络来寻找各种形式的知识和信息。由于他们的学习和研究兴趣广泛，因此他们需要从网络上获得多样化的资源。随着科技的发展，大学生还需要及时更新相关信息和知识，比如他们需要及时了解最新的学术成果、热点话题等。

2. 对于网络资源的利用还不够充分

虽然网络资源非常丰富，大学生对网络资源的需求也很大，但是大学生对于网络资源的利用还不够充分和深入，导致丰富的网络资源并没有解决大学生学习与生活中遇到的问题。

3. 不同年级需求不同，有阶段性和专业性特点

大学期间不同年级的大学生对网络资源的需求不同。年级越低，对网络的依赖性越强，但网络技能越差，网络资源利用率越低，对网络的信任度越高，安全意识越薄弱。年级越高，所需网络资源与专业的相关性越强，网络资源利用率越高，掌握的专业知识越多，对网络资源的辨别能力越强，安全意识越高。与此同时，不同专业的大学生有不同的学习和研究领域，他们需要从网络上获取与其专业相关的信息，以进一步加深对自己本专业的理解。

4. 对网络资源的需求以娱乐为主

随着互联网进入视听化、智能化传播时代，短视频成为移动端内容生产和消费的重要模式。从秒拍、美拍到快手、抖音，表达形态不断更新。在这样的趋势下，有些同学们对网络资源的需求主要以娱乐为主，其次是看新闻及娱乐节目，真正充分利用网络资源开展自主学习的同学比例较少。

（二）影响大学生需求与利用网络资源的因素

了解和掌握大学生对各种类型的网络资源的需求、使用方式和习惯，可以帮助教育部门提高教学质量、优化教育资源配置、促进学术研究，并且满足大学生自主学习的需求。

1. 信息意识

信息意识，是指对信息的捕捉、分析、判断的自觉程度。许多大学生对网络资源的需求和利用具有不充分性是由于他们的信息意识薄弱，他们没有及时利用网络资源的素养。良好的信息意识是认识信息、利用信息的基础与保障。

2. 网络资源获取能力

获取网络资源的能力可以定义为一个人在互联网环境下获取知识和信息的能力，包括对各种类型的网络资源进行有效检索、筛选、利用和交流的技能。这种能力不限于计算机或网络方面，还包括阅读能力、信息理解能力，以及批判性思维能力等方面。良好的网络资源获取能力能够帮助个人优化学习效果、开展独立研究，并更好地适应信息化时代。大学生对网络资源的需求和利用的不一致性源于其网络资源获取能力较低，能够通过网络获取资源的人只占一小部分，绝大多数人没有意识到网络资源给学习带来的便利。这就要求高校有必要对大学生进行

系统培训，提高其网络资源获取的能力。

3. 自主学习能力

有的大学生存在自主学习能力比较差，不能有效地开展自主学习，在网络资源使用过程中缺少对网络资源的洞察，不能充分利用有价值的网络资源的问题。随着年级的升高，大学生的知识水平随之提高，但所面临的外在环境压力也更大，在这种外在环境压力的驱使下，为了完成学业和就业的相关要求，大学生会在一定程度上主动提升自身的自主学习能力。

4. 网络资源获取的便利性

网络资源的获取是否方便会直接影响大学生对网络资源的利用。网络的飞速发展使大众化信息资源呈爆炸式增长，且获取这些资源比较轻松，而专深的、高质量的专业性、学术性资源缺乏，且获取时困难重重。因此，大学生对网络资源的需求和利用呈现出广泛性与不充分性。在数量庞大的网络资源中快速获取自己所需的信息，主要依赖于网络搜索引擎。但现有的搜索引擎存在误检率和漏检率高、查全率和查准率低、专指性差等缺陷，这使同学们对网络资源的需求与利用出现了不一致。

二、大学生网络学习资源利用现状

中国互联网络信息中心第 51 次《中国互联网络发展状况统计报告》显示，截至 2022 年 12 月，我国网民规模达 10.67 亿，较 2021 年 12 月增长 3549 万，互联网普及率达 75.6%，较 2021 年 12 月提升 2.6 个百分点。这表明我国网民规模实现平稳增长。互联网模式不断创新、线上线下服务融合加速及公共服务线上化步伐加快，成为网民规模增长的推动力。在我国网民中，20 ～ 29 岁的网民占比位列第三，"00 后"（2000 年及以后出生的）高校大学生成为主力军。作为网民主体之一的同学们能否正确利用网络学习资源，直接关系着网络文明和同学们的成长发展。

（一）网络学习资源利用存在的问题

我们需要深入了解调查，正确把握和总结大学生在对网络学习资源的利用过程中存在的问题，并有针对性地解决这些问题，才能更好地发挥网络学习资源的作用，为大学生的学习和成长提供更好的支持和保障。

1. 对网络学习资源的利用不够充分

大学生对网络学习资源的利用同样存在不够充分的情况。课外上网时间充裕的学生习惯通过上网来打发自己的时间，很少真正利用网络来提升自己的学习效果。高年级学生虽然利用网络学习资源获得考研与就业的信息意识较强，但是受到上网时间与学校网络平台的权限限制导致其对网络学习资源的利用依然不够充分，并且同学们对于搜索引擎的利用较多，而对电子书籍、电子期刊等的利用较少，缺乏应用电子书籍、电子期刊的意识。

2. 网络检索能力有待提高

没有经过网络检索能力锻炼的同学，即使有着网络学习资源利用的意识，对网络资源的检索也是心有余而力不足。不少同学不懂得网络数据库的检索方法和检索技巧，对检索结果的筛选感到无从下手。所以，我们有必要学习网络信息检索的方法和技巧，进一步提高自身学习和科研的能力。

3. 信息筛选能力不强

互联网上拥有着丰富的网络资源，数量多且庞杂，在网络信息的搜集过程中，要充分发挥搜索引擎的作用，搜索引擎是重要的信息组织工具。但众多的搜索引擎都是面向社会大众的，检索结果信息量过大，返回太多的无关内容，查准率较低。此外，Web 的覆盖面有限，缺乏针对性，查全率较低，且杂乱的内容往往还充斥着各种诱惑信息，转移同学们的注意力。大多数情况下，同学们并不能成功地找到自己所需要的信息。所以，为了提高学习效果，有必要提高对信息的判断能力。

（二）存在问题的原因

高校只有找到当前大学生在网络学习资源利用方面存在问题的根本原因，才能够制定出更加切实可行的解决方案，才能从根本上解决问题，避免类似问题再次发生。

1. 缺乏网络学习资源利用意识

受传统的学习方式与信息搜集方式的影响，许多大学生仍然局限于利用纸质书籍查找资料，对于利用电子数据库查找资料没有形成习惯，没有感觉到现代信息技术的发展给学习带来的便利，缺乏网络学习资源利用意识。

2. 网络知识相对匮乏，自主学习能力不强

许多大学生网络知识相对匮乏，这表现在两个方面：一方面是对现代信息技

术不了解，表现出对网络应用的盲目性；另一方面是对网络技术、网络学习资源的检索方法不了解，没有掌握利用网络学习资源的技术。此外，许多大学生日常自主学习能力不强，习惯了在老师的约束下学习，没有养成自主学习的良好习惯，难以自主利用网络学习资源进行学习。

3. 高校图书馆的作用没有得到充分发挥

高校图书馆作为信息搜集与知识学习的主要场所，在大学生网络学习资源利用能力与信息检索能力的培养中产生着重要作用。大多数高校图书馆有着网络资源、信息资源和人才资源等方面的优势，现代化的网络设施和丰富的馆藏资源本身就是进行信息检索教育的活教材，因此需要充分发挥高校图书馆在信息检索教育中独特而又重要的作用。

4. 高校网络学习资源的应用指导缺乏创新性

面对大学生在网络学习资源利用方面存在的问题，各高校都在加强对大学生利用网络学习资源的指导。目前，各大高校主要采用扩大宣传及开展培训的方式帮助大学生树立利用网络学习资源的意识，培养大学生利用网络学习资源开展自主学习的能力。部分高校采用搭建完善的网络学习资源检索平台的方式来丰富大学生获取网络资源的途径，但是这类平台目前主要就是高校图书馆，其他类型的网络学习资源检索平台还比较少。

三、正确利用网络学习资源的方法

网络能给人们的生活带来很大的帮助，大学生通过网络接触到前所未有的广阔空间，能更加有效和广泛地获取信息、学习知识、交流情感和了解社会。但是，网络空间又以令人眩晕的色彩诱惑着涉世不深的大学生，使得部分大学生感到一定的迷茫。因此，如何正确利用网络学习资源是大学生面临的现实问题。

（一）加强自控能力，正确对待和辨别网络信息资源

正确对待和辨别网络信息资源是利用好网络学习资源开展学习的基础。在网络信息时代，往往存在很多具有不可控性、隐蔽性和虚拟性的网络信息资源，部分同学由于自身自控能力不强、自律能力差，容易经不起网络不良信息的诱惑从而导致网络道德问题的出现，因此同学们需要提高对于各类网络信息资源类型的甄别能力。

1. 学习资源

网络上有大量的学习资源，如在线课程、学术论文等，这些可以帮助大学生拓宽知识面，提高学习效率。但是要注意，要选择正规、权威的学习资源，避免受到虚假信息的影响。

2. 社交资源

网络上有各种社交平台，如微信、QQ、微博等，这些可以帮助大学生扩大社交圈，结交志同道合的朋友。但请注意，要保护好个人隐私，避免受到网络暴力和诈骗的伤害。

3. 娱乐资源

网络上有各种娱乐资源，如游戏、音乐、电影等，这些可以帮助大学生放松身心，缓解学习压力。但请注意，要适度娱乐，不要沉迷于虚拟世界，影响学习和生活。

4. 实用工具

网络上有各种实用工具，如在线翻译、文献检索、论文查重工具等，这些可以帮助大学生提高工作效率，提高学术水平。但请注意，要选择正规、可靠的工具，避免带来麻烦和造成财产损失。

总之，大学生应该正确利用网络信息资源，充分发挥其优势，提高自己的学习效率、提升生活品质和职业竞争力。同时也要注意网络安全，避免受到网络诈骗、网络暴力等带来的不良影响。

（二）提高信息检索能力

我们可以通过以下几种方式快速找到需要的信息，提高信息检索能力。

1. 正确认识搜索引擎

搜索引擎，是指根据一定的策略、运用特定的计算机程序从互联网上搜集信息，对信息进行组织和处理后，为用户提供检索服务，将用户检索的相关信息展示给用户的系统。目前，搜索引擎主要包括两种：一是全文索引引擎，二是目录索引引擎。全文索引引擎会提取各网站的信息，建立数据库，并能检索与用户查询条件相匹配的记录，按一定的排列顺序返回结果。目录索引引擎虽然有搜索功能，但只是按目录分类的网站链接列表而已。

2. 学会利用检索系统与数据库

数据库检索包含电子文献、数据、事实、图像、声音等多种媒体所载信息的检索。一个检索系统包括若干个数据库，进入检索系统以后，可以通过主题分类目录提供用户选择，根据每个分类数据库下面的不同主题分类选择自己需要的数据库。比如西南科技大学，可以通过登录学校图书馆，利用图书馆提供的中文数据库、外文数据库、特色数据库，以及试用数据库查阅并获取自己所需要的期刊、书籍等学习资源。

3. 选择合适的关键词

关键词不能过于宽泛，否则系统会反馈数以万计的检索结果，让检索失去意义。我们在进行检索时，尽量不要选择通用关键词，应尽量选择各学科内具有特定概念的专业术语作为关键词。

（三）提高信息筛选能力

信息筛选能力，是指对大量的原始信息及经过加工的信息材料进行辨别，从而有效地排除其他不需要的信息，选择需要的信息的一种能力。网络学习资源的筛选应遵循以下原则：一是，计划性原则，要有计划、有目的地进行信息选择；二是，针对性原则，针对自己需要的网络信息合理界定筛选的范围，再根据需要进行进一步筛选；三是，科学性原则，选择科学的搜索工具与检索手段进行信息的筛选。另外，要以真实性、权威性、时效性作为信息筛选价值的评判标准。

（四）提高自主学习能力

对网络学习资源的利用情况还取决于大学生的自主学习能力。在利用网络学习资源的过程中，大学生要加强自身各方面能力建设，提高自主学习能力。

网络时代直接改变了我们的学习模式，不仅网络教育应运而生，而且对传统教育也影响巨大。通过对本讲内容的学习，我们了解了什么是网络教育与网络教学，有哪些资源可以利用，以及如何正确利用。我们在以后的学习和工作中要利用好网络和网络学习资源，同时要有选择地使用网络，切忌沉迷网络而不能自拔。对于那些能够拓宽我们的思维，开阔我们的视野，充实我们头脑的内容，应认真地去看、去学，学会搜集整理。

第七讲

梦想实现：创新与创业

党的二十大报告强调："人才是第一资源、创新是第一动力，深入实施科教兴国战略、人才强国战略、创新驱动发展战略。"这为高校做好新时期的创新创业工作指明了方向。面对新的形势、新的要求，近年来，高校通过大力实施推动创业、扩大就业战略，搭建服务平台，优化创业环境，拓展创业空间，建立了创业促进就业的工作机制，营造了推动大学生创新创业的良好氛围。

在大学生中积极开展创新创业培训，以创业带动就业，是实施积极的就业政策的重要举措，是稳定就业形势的有效途径。创新创业已经上升为国家发展的重要策略之一。无论是从政策层面给予支持，还是从经济层面给予补贴，甚至是针对大学生群体的创新创业课程的开设、培训的深化，以及各类大学科技园的创立和创新创业赛事的举办，无不展示出创新创业在国家层面的重要性。当代大学生应该顺应时代的发展潮流，响应国家关于创新创业的号召，敢于创新、实现自我。

第一节　创新、创业与职业发展

当今是一个知识极为丰富的时代，各种新的元素不断产生并影响着我们的生活。其中以创新创业为基本动力的时代特征正变为社会发展的驱动力，推动着整个知识经济时代的发展。

党的二十大报告提出，"完善科技创新体系。""坚持创新在我国现代化建设全局中的核心地位。完善党中央对科技工作统一领导的体制，健全新型举国体制，强化国家战略科技力量，优化配置创新资源，优化国家科研机构、高水平研究型大学、科技领军企业定位和布局，形成国家实验室体系，统筹推进国际科技创新中心、区域科技创新中心建设，加强科技基础能力建设，强化科技战略咨询，提升国家创新体系整体效能。深化科技体制改革，深化科技评价改革，加大多元化科技投入，加强知识产权法治保障，形成支持全面创新的基础制度。培育创新文化，弘扬科学家精神，涵养优良学风，营造创新氛围。扩大国际科技交流合作，加强国际化科研环境建设，形成具有全球竞争力的开放创新生态。"

一、创新、创业的定义及特点

创新与创业作为备受关注的时代主题，大学生首先要清楚它们的定义和特点。

（一）创新与创业的定义

创新在当今时代是一个备受关注的主题。与各行各业的发展与进步相关的报道中都会提到"创新"一词，而创新带给我们的变革不仅存在于思想上，更深刻影响着实践的发展。创新的定义在不同的领域有所不同。总体来说，创新就是指以固有思维模式为基础，提出有别于常规或常人思路的见解为导向，以现有的知识和物质为出发点，在既定的环境中，为了满足个人理想或社会需求，而改进或创造新的事物、方式、思维或体系，并能获得预期结果的行为。创新是一种思维的变革，更是一种实践的历练，我们通过创新来期待整个社会的巨大变化，这些变化直接影响着我们的生活与未来。所以，创新是当代社会发展的驱动力，更是社会进步不可或缺的催化剂。

创业，是指发现、创造及利用适当的创业机会，借助有效的商业模式用以组合生产要素，创立新的事业，以获得新的商业成功的过程或者活动，创新是创业的本质特征。当然创业也存在于社会的各行各业中，人们关于创业的想法也在无数成功的创业案例激励下变得更加普遍与强烈。其实创业是指创业者对自己拥有的资源或通过努力就能够拥有的资源进行优化整合，从而创造出更大的经济或社会价值的过程。根据美国芝加哥大学教授阿玛尔·毕海德对于创业的划分方法，创业可以概括为5种形式，即边缘企业创业、冒险型创业、与风险投资融合的创业、大公司内部创业及革命性的创业。大学生创业其实属于冒险型创业的一种，所以大学生创业充满着风险与未知，但是只要具备良好的知识并锻炼出相关的能力，创业其实没有看上去那么困难。

（二）创新创业的特点

创新与创业看上去是相互独立的，但是其实两者之间有很密切的联系。只要深入地学习与了解两者的内涵与意义，我们就会发现创新与创业密不可分，创新是创业的特质，创业是创新的目标。创新与创业的特点概括起来包括以下4方面。

1. 独创性

创新创业是一种思维的产生，更是一种实践的推进，但是无论是从思维还是实践产物来说，其都会产生新的产品，这种产品可以是新的思维，也可是新的服务或者是新的事业，这些新都是独创的，绝无仅有的，是一切未来可能性的前提条件。

2. 影响性

创新创业是一种新的尝试与新的发展，而所有新事物的诞生与发展一定会伴随影响力的产生，而影响力的大小正决定着创新创业的未来前景与成功与否。创新创业对于个人、家庭，甚至是整个社会都有着深刻的影响，而这种影响正是自我价值的正向体现，也可以让每一个创业者找到创业与生活的意义。

3. 积极性

创新创业是一种主动追求并期待完成的一种主动性体现，这种主动追求卓越或力求变化的想法正是创新创业积极性的重要体现。当然我们知道创新创业不是一种被动要求下的无可奈何，创新创业必须是自己积极主动追寻的人生价值体现，这种自我督促、自我追寻、自我执着下的坚持不懈才是创新创业的内涵。

4. 困难性

创新创业的道路本就不是一帆风顺的，创新创业的前进途中必然会出现各种各样的艰辛与困难。很多创新创业者在创新创业初期对困难预知不足，最终导致困难出现时无法正视而失败。对于创新创业中的困难，我们一定要做到及时反馈思考，寻求帮助并自我成长。只有在无数次的苦难挫折中不断成长，才能最终获得期待的成功。

三、创新创业能力及其培养

创新创业能力作为新时代人才的必备能力，具体需要哪些能力？该如何培养呢？

（一）创新创业需要具备哪些能力

大学生想要随着时代的潮流前进，就必须了解当今时代的特征，顺应时代的发展，而创新创业正是时代发展的产物。大学生想要更好地贴合时代就必须具备创新创业能力，总体来说，需要具备以下 8 方面的能力。

1. 整体规划能力

在创业过程中，创业者需要根据企业发展需求和市场变化提出一些切实可行的计划和安排，这是创业的整体规划。而在制订计划的过程中，创业者不仅需要对当前问题提出相应的解决方案，更需要结合各种各样的其他因素形成切实可行的步骤，并将所有的可能逐条列出，从整体上规划未来发展的方向与路径。所以整体规划能力是创业者必不可少的能力，可以让创业者更靠近创业成功之门。

2. 决策制定能力

创业团队中需要一个极具领导力的掌控者，而成为掌控者的前提是必须具有一定的决策制定能力。一个创业团队在组建之初就会面临各种各样的决策，这时候作为决策者的创业者引导着团队的前进方向。创业者可能会在创业开始时广泛征求身边有经验者的建议，但是一旦进入创业发展期后，创业者就必须通过自己的智慧和胆识去做出各类决策。所以，决策制定能力将在未来的创业道路中指引创业者前行。

3. 全局管理能力

全局管理包括全过程的管理、全企业的管理和全员的管理。全过程的管理要求对产品生产过程进行全面控制。全企业管理强调质量管理工作不局限于质量管理部门，要求企业所属各单位、各部门都要参与质量管理工作，共同对产品质量负责。全员管理要求把质量控制工作落实到每一名员工，让每一名员工都关心产品质量。任何创业者在创业过程中都需要制定各种制度，制度能保证创业者及其团队按照既定目标顺利前进。制度不需要太多，只要让所有相关者都能够明白其意义并且严格执行即可。创业者还需要针对市场不断的发展变化来改进相应的制度，只有这样才能够让自己及其团队立于不败之地，拥有发展的主动权。因此全局管理能力不只局限于制度的创设与执行，更强调运用制度来管理内部事务，以展现创业的持续动力。

4．谈判沟通能力

创业者在创业期间与人进行交流是必不可少的，与人谈判的情况更是屡见不鲜。谈判对创业者的要求是严格且多样的，创业者需要具有一定的语言表达能力、观察分析能力、博弈探究能力等。创业者要想在谈判中占得上风，就必须要有强大的谈判沟通能力，这也是创业者的必备能力。

5．危机公关能力

危机公关，是指机构或企业为避免或者减轻危机所带来的严重损害和威胁，从而有组织、有计划地学习、制定和实施一系列管理措施和应对策略，包括危机的规避、控制、解决及危机解决后的复兴等不断学习和适应的动态过程。创业过程中不可避免地会发生一些突发事件，而大部分突发事件的发生都是迅速且无任何征兆的，处理此类事件就需要创业者具有危机公关能力。突发事件总是会发生，当其发生的时候，创业者需要积极地应对，而不是消极地逃避。对突发事件的解决是否得当，直接影响着创业企业的后续发展。危机公关做得得当，那么会向顾客传递一种负责任的形象，是一种隐形的广告宣传。

6．自主学习能力

自主学习是以学习者作为学习的主体，通过独立地分析、探索、实践、质疑、创造等方法来实现学习目标。创业者在创业过程中不仅需要了解自身具备的能力，更需要了解自己所处的时代及时代的发展脉络。在当今这个飞速发展的时代，市场和行业的竞争日益激烈，竞争无处不在。创业者要想向前发展、努力进取，就必须比竞争对手更快地掌握更多的知识。所以终身学习是这个时代的代名词，而在终身学习中，自主学习更是获得知识的必经之路。

7. 人际交往能力

创业的基础在于整个社会，而社会是由不同的人构成的，所以要想成功创业，创业者就必须具备和不同的人打交道的能力，即人际交往能力。良好的人际交往能力不仅能给人生带来很多便利，更能够帮助我们走向成功。大学生在开始创业后必然会接触到各色各类的人，这些人或多或少都与大学生存在利益关系。所以大学生在创业之初就要学会跟各种人打交道，运用自己的才识、言语与人格魅力广交朋友，给自己编制一张巨大的人际关系网。

8. 自我调适能力

自我调适指个体通过洞察自己内心的状态，正确调整其不良的心理倾向的过程。创业者是快乐的也是孤独的，很多时候会与内心深处的自己做斗争，很多时候也会想要放弃。因为绝大多数的创业过程都不是一帆风顺的，所以自我调适能力也是创业者必备的能力之一。创业者要想保持乐观而积极的情绪，就需要长时间的历练和打磨，并抱着一种永不言弃的精神。

（二）如何培养这些能力

了解了创新创业能力的具体表现后，当代大学生如何培养自己创新创业的相关能力呢？这也是需要我们深入探索与挖掘的重要内容。任何能力的培养都需要经历从学习知识到实践应用的过程，都必须亲身努力与尝试。对于创新创业能力的培养，可以从以下 4 方面开展。

1. 以创新创业实践团队为载体，培养创新意识和创业精神

大学学习不仅包括课堂学习，课外的实践活动也是其中的一部分。大学生创造性地投身于各种社会实践活动和社会公益活动中，通过参与各种创新创业主题活动、各类创新创业竞赛都可以培养其创新创业能力。学校可以组建各种以专业为背景的"创新创业教育"实践团队，通过组织大学生参与各种活动来激发其创新意识和创业精神；增加大学生对创新创业的初期主观体验，使其在实践中逐渐增强创新意识，并更深入地体会创业精神。

2. 以创新创业教育课程为体系，增强创业意愿和创业能力

大学生在创业过程中最常遇见的问题便是创业意愿强烈，但缺乏相应的创业知识。在创新创业课堂上，学校可以通过创业知识的讲解、校友创业案例的分享，更加直观、生动地展示成功创业所需的创业精神、创业方法、创业过程，以课程

为基石培养学生良好的创业意识，树立全新的创业观念，启发学生的创业思路，拓宽学生的创业视野，提升学生的创业素质。

3. 以学校大学科技园为依托，促进创业实践体验和能力提升

科技部、教育部为了促进大学生创新创业教育，在各高校分批建设大学科技园。大学科技园可以帮助大学生实现创业梦想。大学生可以提出项目申请，项目方案通过后可以在大学科技园中开办自己的企业并开展运营；或者由学校统一组织开办模拟公司，让大学生参与其中进行运营，为大学生提供体验创业的平台。当然，创业园的运作需要老师们进行悉心指导与经验传授，帮助大学生解决创业中出现的各种问题，给予大学生足够的信心。

4. 以创新创业竞赛活动为辅助，培养创业信心和创业勇气

学校应鼓励大学生通过多种途径参加各种专业竞赛和科研活动，如"挑战杯"全国大学生课外学术科技作品竞赛和"挑战杯"中国大学生创业计划竞赛等，以此培养大学生的创新意识和创业能力，锻炼大学生的观察能力和思维能力，增强大学生的想象能力和动手能力，全方位提升大学生创业的信心和勇气。只有在大学生中营造浓厚的创新创业氛围，才能使更多的创新人才崭露头角。

三、创新创业能力与职业发展

创新创业能力作为大学生能力体系中必不可少的一环，与大学生的职业发展联系密切，创新创业能力的培养为大学生的职业发展提供了坚实的基础。

（一）职业发展的定义

职业发展就是在自己选定的领域里，管理好学习、工作、休闲和过渡等过程，以便朝着理想的状态不断发展。所谓专家并不一定是研究开发人员或技术顾问，而应是在某一领域有深入和广泛的经验，对该领域有深刻而独到认识的人。

（二）创新创业能力与职业发展的关系

大学生的职业发展影响着大学生未来的人生方向与成就体验，而大学生的职业发展与大学生的创新创业能力之间有着很密切的联系。职业发展需要一定的能力作支撑，而创新创业能力又是大学生能力体系中必不可少的一环，所以要想实现未来的职业发展，创新创业能力的培养是关键。

1. 创新创业能力是职业发展的基石

创新创业能力的培养是为了提升大学生自主创业时的基本能力，而创业本身就是未来职业发展中可以选择的一条道路，所以创新创业能力的培养为职业发展提供了坚实的基础。

2. 职业发展是创新创业能力的未来预期

职业发展是一条没有尽头的道路，需要我们不断摸索前行，而这个过程正需要创新思维发挥作用。因为创新式发展的道路本身就具有无穷的吸引力，它让每一位大学生的未来职业发展多样而具有挑战性，因此创新创业能力也就成了在寻找职业发展道路过程中所需的必备技能。

3. 创新创业能力与职业发展是相辅相成的

创新创业能力是一种需要培养的、循序渐进式发展的能力体系，职业发展是职业道路前进中需要我们思考、制定并奋斗的一个过程性阶段。创新创业能力指引着职业发展的前进道路，而职业发展督促着创新创业能力的逐步形成，两者之间关系密切、不可分割。

第二节　创业计划实施

创业是面对有限的资源，创业者利用自己的智商、情商发现和创造机会，并与外界环境、政策趋势相互作用的一种特殊社会活动。创业之路能否走得顺，初创企业能否顺利生存，重点在于创业计划的实施是否顺畅。

一、创业过程划分与创业要素分析

总体来说，创业过程是指产生创业动机、选择创业项目、整合创业资源、撰写创业计划书、创建新企业并保持新企业的生存与发展的过程。

通常创业过程可以分为以下 6 个环节。

（一）产生创业动机

创业动机是引起和维持个体从事创业活动，并使活动达到某些目标的内部动力，是鼓励和引导个体为实现创业成功而行动的内部力量。创业的主体是创业者，创业活动能否成功的基础在于创业者的创业动机是否强烈。心理学研究领域将动机的产生归结为人类的需要，美国心理学家亚伯拉罕·马斯洛于 1943 年在《人类激励理论》中提出了人类需求层次论，即马斯洛需求层次理论。马斯洛将人类需求从低到高按层次分为 5 种，分别是生理需求（为维持生存的基本需求）、安全需求（满足生理、心理上的基本安全需求）、社交需求（希望得到关心和照顾的需求）、尊重需求（有稳定的社会地位、得到社会的认可）和自我实现需求（实现个人理想、抱负，最大限度地发挥个人的能力），只有低一层次的需求满足了才能产生高一层次的需求。对于创业动机来说，只有产生高层次的创业需求，才能制订出提升自我、回馈社会的创业计划，如果将创业目标仅局限在短期利润的收益，而缺乏长远预期目标，那么创业计划很有可能会被扼杀在摇篮里。

一个人能否产生正确的创业动机，成为合格的创业者，一般受 2 个因素、4 个维度的影响：内在因素——追求名利与自我实现的作用，外在因素——家庭的影响与社会的支持。内在因素即产生于创业者的需求，高层次的需求激励长远目标的制订。外在因素即外在创业环境，其中政府的政策、金融支持、市场开放程度、法律制度等宏观环境因素对创业者的创业动机起着较大的影响。同样，良好的社会规范与家风也是鼓励创业者树立长远创业目标、取得创业成功的基础因素。

（二）选择创业项目

创业成功始于好的创业机会、正确的创业理念，即好的创业项目，好的创业项目是创业成功的基础。一般来说，创业者产生的创业想法应包含以下 4 个要素——"3W+1H"，即销售什么（What）、向谁销售（Who）、满足什么需求（Which）、如何销售（How）。值得注意的是，并不是包含这 4 个要素的创业想法最终都能成为很好的创业项目，这是一个必要不充分条件。这 4 个要素可用于对创业想法进行初筛，而该创业想法最终能否成为创业项目则需要通过SWOT 分析法（也称态势分析法或道斯矩阵，分别包含优势，Strength；劣势，Weakness；机会，Opportunity；威胁，Threats。其中，优势、劣势为内部要素；机会、威胁为外部要素）、市场评估进行进一步验证。

一般，选择创业项目的方法有以下几种。

（1）问题导向法。问题导向法也称为自身需求法，即从实际生活中自己遇到的困难着手分析，寻找创业机会。这样的机会在我们的生活中大量存在，需要我们用敏锐的眼光去发现、探索。例如，当初王卫第一次受朋友委托，将一个包裹从香港送到深圳，他敏锐地感受到这也许是个商机，因为身边很多朋友都有这样的需求，纷纷找他帮忙。他在其中看到了一个广阔的市场，于是想成立一家公司，专门帮助人们解决运送问题。在父亲的支持下，王卫与5个朋友成立了一家专送快件的小公司，即顺丰的前身。

（2）环境分析法。环境分析法，是指对所处环境中的自然资源和机构进行重点考虑，进一步寻找是否存在创业机会。创业者一般可以从以下几方面进行思考。

① 自然资源：分析所处的地区或者家乡拥有哪些资源可以用来制作不会破坏自然环境的产品。例如，某大学的赵某便利用家乡特色剪纸技术创业，创办了"互联网 + 个性化剪纸定制"企业，该企业主要提供个性化人物肖像定制服务和中高端剪纸艺术品推广销售服务。

② 机构：所处的地区是否存在类似学校、医院、政府等大型机构，这些机构肯定存在修理、清洁的需求，也许还存在购买办公用品、家具、食品的需求等。创业者可以通过市场调研、拜访客户等方式探寻是否存在为这些机构提供服务的机会。例如，某大学的周某，在校期间发现同学们使用 U 盘等电子产品的频率越来越高，而当时学校周边没有销售该类产品的商店，同学们都要到十几千米外的市区购买。于是 2008 年，周某成功在学校大学科技园创办了一家数码店，并于 2010 年围绕学校新老校区发展了 4 家分店。

（3）市场调研法。市场调研法是通过实地调研、走访准备创业地区的企业，了解是否存在创业的机会与发展的空间。

（4）互联网查找法。随着科学技术的不断发展，互联网与我们的联系越来越紧密，大数据、智能云、信息化的时代已经到来。创业者可以运用网络资源寻找创业机会。

① B2B（企业对企业）的网站：阿里巴巴、中国制造网、敦煌网等。

② B2C（企业对顾客）的网站：淘宝网、易趣网、有啊网等。

同样，创业者可以利用百度、谷歌等搜索引擎进行资料的检索与搜集。

（三）整合创业资源

创业资源是企业创立及成长过程中所需要的各种要素和支撑条件，是新创企业在创造价值过程中所有的特定资产，包括有形资源与无形资源。有形资源通常是指那些具有一定实物、实体形态的资源。如组织赖以存在和发展的自然资源、建筑物、机器设备、实物产品及资金等；无形资源，是指那些不具有实物、实体形态的资源。组织赖以存在和发展的社会人文资源就是无形资源，典型的如信息资源、关系资源、权利资源等。

几乎所有的创业者都不是先有资源再去创业的，而是在创业的过程中寻找资源、整合资源。大量实践证明，创业资源的整合是成功创业的重要保障。

（1）人力资源。人力资源是属于组织成员、为组织工作的各种人员的总和。进一步说，人力资源包括组织成员所蕴藏的知识、能力、技能，以及他们的协作力和创造力。

创业团队是由技能互补、目标一致的创业者组成的特殊群体。一支优秀的创业团队应具备知己知彼、才华各异、目标一致、彼此信任 4 个特征。创业团队可以分为领袖型创业团队、伙伴型创业团队和核心型创业团队。

① 领袖型创业团队，是指团队中有一个核心人物起主导作用，一般该核心人物拥有一定的技术或者资金，在市场调研论证的基础上，寻找与项目相关的专业人员参与，其他合伙人充当其支持者的角色。一般领袖型团队具有组织结构紧密、决策效率高等优势，但同时也存在过于集权、决策风险大的劣势。

② 伙伴型创业团队是由目标一致、兴趣相同的伙伴根据自身优势进行分工的团队，创业初期各位成员基本扮演协助者的角色。一般伙伴型创业团队具有较强的感情基础，在决策时采用集体决策形式，但同时也存在没有明显核心、向心力差、多头领导、决策效率低的现象。

③ 核心型创业团队。该类创业团队是在领袖型创业团队与伙伴型创业团队的基础上演化而来的，兼具领袖型创业团队与伙伴型创业团队的优势。核心型创业团队中拥有一位核心成员，其不是团队中的主导人物，而是整个团队的代言人，具有一定的威信。

（2）财务资源。任何企业的生产经营活动都需要资金的支持，如果企业在创办和经营的过程中没有足够、持续的现金供给，保持现金流正常运行，那么该企业则面临亏损和破产的危险。因此如何正确地预估启动资金及有效地融集资金是创业者必须关注的重点问题。

那么创业者如何正确地预估创业的启动资金呢？一般来说，启动资金包括固定性投入资金与流动性资金两部分。一般，固定性投入资金包括企业用地和建筑费用（造房、租房、买房等费用），购买机器、车辆等设备的费用，开办费、装修费、培训费、印刷费等其他一次性费用。新创企业通常需要运转一段时间才能赢利，因此创业者一定要测算、预留出一定数量的流动性资金用于购买原材料、支付工资、房租等，保证企业正常经营。

创业者在正确预估启动资金后，则需要充分利用已有条件开拓融资渠道，有效筹集资金。一般，融资方式有以下几种。

① 吸引私人资本投资。这是最常见的融资方式，一般是利用个人的积蓄，或者是从朋友或亲戚处借款。这种融资方式具备容易筹得、债权人的权益能得到保障等优点。

② 向银行机构贷款。一般来说，创业者可以采取抵押贷款和担保贷款的方式向银行机构申请贷款。抵押贷款（抵押放款），是指某些国家银行采用的一种贷款方式，其要求借款方提供一定的抵押品作为贷款的担保，以保证贷款能到期偿还；贷款期满后，如果借款方不按期偿还贷款，银行有权将抵押品拍卖，用拍卖所得款偿还贷款；拍卖款清偿贷款的余额归还借款人。创业者可以用其不动产，如房屋等进行抵押，同时还可以用股票、债券等银行承认的有价证券，以及金银珠宝等进行抵押。担保贷款则是指向银行提供符合法定条件的第三方保证人为还款保证的贷款方式。担保人可以是符合国家规定的自然人，也可以是专业担保公司。向银行机构贷款的方式具备资金充足、正规有保障的优势，但银行对申请人的资质审核较为严苛，申请不易通过。

③ 向非银行机构贷款。这一般是指向农村信用社、典当行、保险公司、小额贷款公司等机构贷款，这种贷款方式便利、快捷，资金到位快，但存在利率高的问题。

④ 吸引风险投资。风险投资，是指专业投资机构对极具增长潜力的新创企业进行投资，并参与其管理。它的投资对象一般是处于初创期、未上市的新型高科技企业，投资机构以控股的方式投资，与被投资企业共担风险、共享收益，3~5年后适时转让股权获取收益。采用这种投资方式筹集的资金充足，投资机构将对投资对象进行技术层面、管理层面等的全程指导，支持性强。但是风险投资通常面向新型高科技企业，且审核较为严格，创业者一般不易采用。

⑤ 吸引天使投资。天使投资，是指自由投资者或非正式投资机构对有创意的创业项目或小型初创企业进行一次性的前期投资。天使投资最早出现于百老汇，

特指富人资助一些具有社会意义的演出，帮助年轻的演员完成他们的梦想。天使投资的投资对象可以是一个没有商业实体的创业项目，也可以是新创办的小微企业。

⑥ 获取政府的扶持。创业者还可以利用国家的扶持政策，从政府层面获取融资支持。根据企业的规模、项目等特点，政府的扶持方式主要有贷款贴息、无偿资助、资本投入等。

（3）其他创业资源。创业者在做好对人力资源、财务资源的整合的同时，还应对物质资源、技术资源等其他类型的资源进行梳理，为企业的创立做好充足的准备。

（四）撰写创业计划书

创业者做好创业项目的选择、创业团队的组建、创业资源的整合，正式开办新企业之前，还应撰写一份详细的创业计划书。撰写创业计划书帮助创业者再次梳理创业思路、检验创业准备，创业计划书也是创业融资过程中投资者决定是否投资的重要参考。

（五）创建新企业

在开办新企业之前，企业地址选择、设备购置、员工招聘、企业注册等工作要做好，因此创业者应制订一份详细的行动计划，将需要完成的事情详细列出，并指定负责人员及完成时间，以便对创业进度进行检查，以免有遗漏。

（六）保持新企业的生存与发展

创业容易守业难，新企业一旦运转起来，创业者的工作会非常繁重。在激烈的市场竞争中，创业者应做好企业内部的日常管理，如营销管理、生产管理、财务管理等，并做好企业未来的工作计划。同时创业者也应了解企业成长的一般规律，对企业生存阶段、公司化阶段、集团化阶段和集团总部阶段 4 个发展层次进行深入的了解，以便找准发展关键点。

二、创业计划书

创业计划书是引领创业项目的纲领性文件，是创业者具体行动的指南。一方面，创业计划书让创业者明晰创业思路，归类、检验每一类工作进度，判断创业项目是否可以实施；另一方面，创业计划书使投资方明白创业项目的价值，是创业融资的重要资料。

创业计划书一般分为封面、目录、摘要、正文、附件五大板块。

（一）封面

创业计划书的封面一般要求风格简洁大方，将企业名称、负责人姓名、联系方式等写清楚即可。

（二）目录

目录是正文的索引，在该部分中，应按照章节顺序逐一排列每章大标题与每节小标题，将标题与对应页码写清楚，一般不超过 3 页，如图 7-1 所示。

目录

一、企业概况……………………………3
二、创业者情况…………………………4
三、市场评估……………………………6
四、市场营销计划………………………11
五、企业组织结构………………………17
六、固定资产……………………………22
七、流动资金……………………………26
八、销售收入预测………………………28
九、销售和成本计划……………………29
十、现金流量计划………………………31

图 7-1 创业计划书目录

（三）摘要

摘要应高度浓缩概括创业计划书各部分内容的要点，勾画企业轮廓。它是创业计划书的浓缩精华版，通常不超过 3 页，可以放在最后写。

（四）正文

一般来说，创业计划书的正文应该包括企业概况、创业者情况、市场评估、市场营销计划、企业组织结构、固定资产、流动资金、销售收入预测、销售和成本计划、现金流量计划 10 个板块的内容。

（1）企业概况：对企业情况的概括，包括企业简介、现状及前景的描述、主要经营或服务的范围和特点、所属行业、企业类型、企业文化等。

（2）创业者情况：将创业者以往的相关经验、教育背景等以时间顺序写清楚即可。

（3）市场评估：对目标顾客、潜在顾客进行描述；通过市场调研对市场的容量及本企业的市场占有率进行预测，并评估市场容量变化趋势及前景；应用 SWOT 分析法对竞争对手的优势、劣势、机会和威胁进行分析。

（4）市场营销计划：利用市场营销 4P（产品，Product；价格，Price；推广，Promotion；渠道，Place）的知识，对产品（服务）的内容与特征、价格（包括分析对手的价格、预测成本、确定售价）、企业选址及理由、促销方式的选择等进行详细的描述。

（5）企业组织结构：具体描述企业拟注册的组织形式、拟注册的企业名称、员工安排（附组织结构图和员工工作描述书），以及企业的责任等内容。值得注意的是，企业的组织结构图最好以树状图的形式进行展示，这样比较简单、直观，如图 7-2 所示。

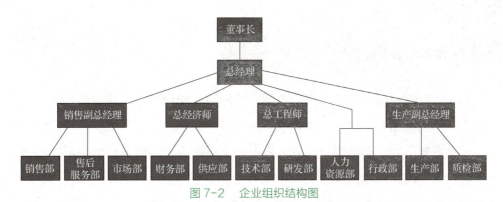

图 7-2　企业组织结构图

（6）固定资产：详细列出开办企业所需的资产清单，如工具和设备明细、固定资产折旧概要等。

（7）流动资金：列出开办企业所需的流动资金，包括原材料费用、包装材料费用、其他经营费用明细等。

（8）销售收入预测、销售和成本计划、现金流量计划：销售收入预测是创业者结合市场调研情况对企业一年的销售额进行预测评估；销售成本计划用于展示企业或项目的盈利情况；现金流量计划用于展示企业每月的资金运转情况。

（五）附件

附件是创业计划书的额外补充材料，包括创业者的简历、市场调研计划、市场调研报告、产品图纸、其他说明等。

创业的道路并不是一帆风顺的，具有创业梦想的大学生虽然在寻求自我实现的道路上会遇见各种困难，但应认真剖析自我，端正创业动机，了解创业流程与创业政策，将创业梦想转化为行动，用创业计划为企业的经营活动提供依据与支撑，在实践的过程中不断激发创新精神与能力，实现综合素质的发展。

第三节　创新创业环境

为了鼓励大学生积极参与创新创业活动，国家、学校等从多方面营造了良好的环境氛围。

一、国家鼓励创新创业

如今，我国的高等教育正在以前所未有的决心和力度专注于提高民族的创新能力和培养创新创业人才。从教育发展的要求和轨迹来看，我国的高等教育正在由应试教育转变为以创新创业教育为核心的素质教育，同时不断增强创新创业人才培养力度，既强调发展学生的竞争能力和择业能力，又以创新性和创造性为基本内涵，培养学生自觉预测变化、积极应对变化、搭建复合知识结构的自主学习、自主创新创业的能力和素质。国家鼓励创新创业的真正目的是激活大学生的活力，让更多的大学生开始思考问题、解决问题，多实践，有创新意识，从而改变固有的思维模式。那么，国家出台了哪些鼓励创新创业的政策呢？大学生可以通过哪些途径锻炼创新创业能力，提高自己的综合素质，或者直接投身创业活动呢？

2015 年，《国务院关于大力推进大众创业万众创新若干政策措施的意见》出台，提出推进大众创业、万众创新，是培育和催生经济社会发展新动力的必然选择，是扩大就业、实现富民之道的根本举措，是激发全社会创新潜能和创业活力的有效途径。而大学生是实施创新驱动发展战略，推进大众创业、万众创新的生力军。同年，国务院办公厅印发了《关于深化高等学校创新创业教育改革的实施意见》，明确要重点抓好9个方面的任务。2017年，为进一步系统性优化创新创业生态环境，强化政策供给，突破发展瓶颈，充分释放全社会创新创业潜能，在更大范围、更高层次、更深程度上推进大众创业、万众创新，出台了《国务院关于强化实施创新驱动发展战略进一步推进大众创业万众创新深入发展的意见》。

二、创新创业赛事

通过参加创新创业赛事，大学生可以参与到创新创业的实践中，锻炼自己的创新思维和创业能力。"创青春"全国大学生创业大赛与中国"互联网+"创新创业大赛是目前全国规格较高的大学生创新创业大赛。

（一）"创青春"全国大学生创业大赛

为贯彻落实习近平总书记系列重要讲话和党中央有关指示精神，适应大学生创业发展的形势需要，在原有"挑战杯"中国大学生创业计划竞赛的基础上，共青团中央、教育部、人力资源和社会保障部、中国科学技术协会、中华全国学生联合会决定，自2014年起共同组织开展"创青春"全国大学生创业大赛，每两年举办一次。

大赛下设3项主体赛事：大学生创业计划竞赛、创业实践挑战赛、公益创业赛。其中，大学生创业计划竞赛面向高等学校在校学生，以商业计划书评审、现场答辩等作为参赛项目的主要评价内容。创业实践挑战赛面向高等学校在校学生，或毕业未满5年且已投入实际创业3个月以上的高校毕业生，以经营状况、发展前景等作为参赛项目的主要评价内容。公益创业赛面向高等学校在校学生，以创办非营利性质社会组织的计划和实践等作为参赛项目的主要评价内容。

（二）中国"互联网+"创新创业大赛

中国"互联网+"创新创业大赛由教育部、中央网络安全和信息化委员会办公室、国家发展和改革委员会、工业和信息化部、人力资源和社会保障部、国家知识产权局、中国科学院、中国工程院、共青团中央等单位主办。参赛项目要求能够将移动互联网、云计算、大数据、物联网等新一代信息技术与经济社会各领域紧密结合，培育基于互联网的新产品、新服务、新业态、新模式；发挥互联网在促进产业升级，以及信息化和工业化深度融合中的作用，促进制造业、农业、能源、环保等产业转型升级；发挥互联网在社会服务中的作用，创新网络化服务模式，促进互联网与教育、医疗、交通、金融、消费生活等深度融合。大赛的目的主要包括以下三方面。

（1）以赛促学，培养创新创业生力军。大赛旨在激发学生的创造力，激励广大青年扎根中国大地了解国情民情，锤炼意志品质，开拓国际视野，在创新创业中增长智慧才干，把激昂的青春梦融入伟大的中国梦，努力成长为德才兼备的有为人才。

（2）以赛促教，探索素质教育新途径。把大赛作为深化创新创业教育改革的重要抓手，引导各类学校主动服务国家战略和区域发展，深化人才培养综合改革，全面推进素质教育，切实提高学生的创新精神、创业意识和创新创业能力。推动人才培养范式深刻变革，形成新的人才质量观、教学质量观、质量文化观。

（3）以赛促创，搭建成果转化新平台。推动赛事成果转化和产、学、研、用紧密结合，促进"互联网＋"新业态形成，服务经济高质量发展，努力形成高校毕业生更高质量创业就业的新局面。

第八讲

长远设计：发展与规划

　　在大学，有些同学能提前确定自己的人生理想和职业目标，通过 4 年的努力为自己的理想打下扎实的基础；而另一些同学却始终迷茫，到离校的那一天还不知道自己路在何方。因此，大家在大学生活中有两个重要的任务：一是立志，二是成才。立志，即尽早地确立自己的人生理想和职业目标；成才，即根据理想和目标合理规划好大学的学习与生活，有针对性地提升自己的综合素质与能力。

第一节 ▶ 立志，从职业生涯规划开始

我的未来在哪里？我将来想要从事什么职业？我想要过怎样的生活？我的人生意义和价值是什么？在大学这一人生发展的关键期，相信每一位同学都会为这些问题而感到苦恼。职业生涯规划正是我们寻找这些问题的答案的工具，它可以帮助我们发掘和激励自己，让我们在充分剖析自己优缺点的同时，充分认识自我，开发潜能，进而实现自我，尽早找到人生目标，及早定位，并为之奋斗。

一、职业生涯规划概论

职业生涯规划概论包括职业生涯规划的定义、职业生涯规划的意义等内容。

（一）职业生涯规划的定义

职业生涯规划又称为职业生涯设计，是指在对个人职业生涯的主客观条件进行测定、分析、总结的基础上，对自己的兴趣、爱好、能力、价值观、特点进行综合分析与权衡，结合时代特点，根据自己的职业倾向，确定自己最佳的职业奋斗目标，并为实现这一目标做出行之有效的计划。

（二）职业生涯规划的意义

职业生涯规划是一个过程，其作用在于设定目标，并找出达成目标所需要采取的措施。在职业生涯规划中，目标的设定是一个探索的过程，这个过程能帮助一个人逐渐理清生命的价值与意义。职业生涯规划的目的绝不仅是帮助个人按照自己的资历条件找到一份合适的工作，更重要的是帮助个人真正了解自己，为自己筹划未来，拟定一生的发展方向。职业生涯规划对个人来说有以下3点重要意义。

（1）职业生涯规划可以发掘潜能，增强个人实力。一份行之有效的职业生涯规划将会引导你正确认识自身的个性特质、现有与潜在的资源优势，帮助你重新对自己的价值进行定位并使其持续增长；引导你对自己的综合优势与劣势进行对比分析；使你树立明确的职业发展目标与职业理想；引导你评估个人目标与现实

之间的差距；引导你提出理想与实际相结合的职业定位，搜索或发现新的或有潜力的职业机会；使你学会运用科学的方法采取可行的步骤与措施，不断增强自己的职业竞争力，实现自己的目标与理想。

（2）职业生涯规划可以增强发展的目的性与计划性，增加成功的机会。做职业生涯发展要有计划、有目的，好的计划是成功的开始，很多时候我们的职业生涯受挫主要原因是职业生涯规划没有做好。

（3）职业生涯规划可以提升应对竞争的能力。当今社会处在变革的时代，到处充满着激烈的竞争，要想在这场激烈的竞争中脱颖而出，必须设计好自己的职业生涯，这样才能做到心中有数，不打无准备之仗。

二、职业生涯规划的内容与制定方法

了解了职业生涯规划是什么，认识到职业生涯规划对我们的重要意义和作用后，我们来看看职业生涯规划的具体内容有哪些，以及如何做好职业生涯规划。

（一）职业生涯规划的内容

职业生涯规划根据定义可以分为两个任务，即确定职业目标和设定行动计划，具体包括觉知承诺、认识自我、了解职业、决策定位、行动计划、评估反馈6部分内容。

（1）觉知承诺：唤醒职业生涯规划意识，意识到自己需要通过做职业生涯规划来找到人生意义，并能够充分利用大学时光做好能力储备。

（2）认识自我：做好职业生涯规划首先要认识自己，从了解自己拥有什么样的性格、兴趣、能力、价值观等维度了解自己是一个具备什么人格特质的人，以及这样的人格特质适合什么样的职业和职业环境。

（3）了解职业：认识了自己、知道了自己适合做什么样的工作后，还要关注相关职业信息，包括行业背景、组织性质、岗位要求和具体工作内容等，从而确认自己和职业的匹配度。

（4）决策定位：通过对自己和职业的了解，将未来的职业目标锁定在一个范围内，最好能明确2~3个理想的职业，然后进行深入探索，并指导自己做好大学的学业规划。

（5）行动计划：有了明确的职业目标后，将职业目标分解成长期、中期、短期目标，然后制订具体的实施计划。

（6）评估反馈：计划实施一段时间后，对实施的效果进行检测，评估是否达到自己的预期，以及有哪些地方需要调整。

（二）职业生涯规划的制定方法

进行职业生涯规划并不难，它和制订一份旅游计划有很多相似之处。首先，是要确定旅游的目的地，然后根据目的地和个人的偏好制订相关的实施流程和具体的行动方案。职业生涯规划也是如此，首先要根据自我认知确定自己想要的职业目标，然后根据职业目标的要求制订具体的实施方案和行动计划。

1. 职业生涯规划的具体方法

进行职业生涯规划时常常采用的一种方法就是 5W 思考模式，即从问自己是谁开始，共有 5 个问题。

（1）Who are you？你是谁？

（2）What do you want？你想干什么？

（3）What can you do？你能干什么？

（4）What can support you？环境支持或允许你干什么？

（5）What can you be in the end？你最终的职业目标是什么？

回答了这 5 个问题，我们就能总结出自己的职业生涯规划。

问"你是谁？"旨在对自己进行一次深刻的反思，优点和缺点都应该一一列出来。

问"你想干什么？"旨在对自己职业发展的心理趋向进行检查。每个人在不同阶段的兴趣和目标并不完全一致，有时甚至是完全对立的，但它们会随着年龄和经历的增长而逐渐固定，并最终成为自己的终身理想。

问"你能干什么？"旨在对自己的能力与潜力进行全面总结。一个人的职业定位最终取决于他的能力，而他的职业发展空间的大小则取决于他的潜力。对一个人的潜力应该从几个方面去认识，如对事物的兴趣、做事时的韧性、对事物的判断力，以及知识结构是否全面、是否及时更新等。

问"环境支持或允许你干什么？"中的环境在客观方面包括本地的各种状态，比如经济发展、人事政策、企业制度、职业空间等；在人为主观方面包括同事关系、领导态度、亲戚关系等。这两方面的因素应该综合起来看。有时我们常常忽视人为主观方面的东西，没有将一切有利于自己发展的因素调动起来，从而影响了自己的职业切入点。

明晰了前面 4 个问题的答案，就会找到对实现职业目标有利和不利的条件，那么第五个问题"你最终的职业目标是什么"的答案自然就有了一个清晰、明了的框架。最后，将职业生涯规划列出来，形成个人发展计划，通过系统的学习、培训实现理想的目标。

2. 根据个人需要和环境变化，不断调整职业生涯规划

职业生涯规划是一种动态的、灵活的规划过程，要根据个人需求的变化或环境的变化进行调整。每个大学生都希望选择一个对自己长远发展有利的职业和得以实现自我价值的单位，要实现这一点，大学生需要在工作中去尝试和体验，不断根据个人成长和单位需要去调整。所以说，人生的第一个职业往往不仅是一份单纯的工作，更重要的是它会初步使你了解职业、认识社会，在一定意义上它是你的职业启蒙老师。大学生要勇敢地走向职场、走入工作岗位，在工作中不断明确哪个更加适合你的职业目标。

3. 落实职业生涯规划

制定好一系列的职业生涯规划后，如何将其最终落实是每个人都必须考虑的一个问题。首先，在做规划的时候一定要详细到具体的实施细则上，保证行动都在自己的掌控之中。其次，要有具体的时间安排和时间管理措施，能够确认落实的时效。最后，要有落实的监督机制，包括做到与没做到如何考量，做好与做差如何奖惩。再美好的规划最终都要落地才会有结果，所以落实职业生涯规划非常重要。

第二节　成才，做好大学学业规划

我们都应该是自己人生、学习、事业的规划者和耕耘者，要为实现自身价值做好准备，善于创造、抓住机会，从而使自己成功的可能性更大、效果更好。大学是我们实现职业理想的关键期，是我们步入社会的训练场。我们如何才能高效

地完成大学学业，提升职业竞争力，让自己的大学生活更加有意义，毕业时能够与自己理想的职业邂逅呢？一份科学、详细的大学学业规划可以帮助你度过一段充实、丰富的大学生活。

一、大学学业规划

大学学业规划是我们根据自身情况，结合现有的条件和制约因素，为自己确立整个大学期间的学业目标并为实现学业目标而确定行动方向、行动时间和行动方案的过程。大学阶段是职业生涯的准备期，做好大学学业规划可以为未来的就业和职业发展做好准备，可以帮助我们避免学习的盲目性和被动性。

（一）大学学业生涯的特点

大学是人生的重要阶段，也是很容易迷失自我的阶段，尤其是对新生而言，从高中进入大学后，面对新环境、新学习方法和新生活方式，会显得不知所措。学业规划可以帮助学生安排好大学生活，尽快适应大学学习，有效提升自己。同时，大学学业生涯有着与其他生涯阶段不同的特点。

1. 独特性

每个人的人生发展过程是独一无二的，大学学业生涯同样也是独一无二的一个过程。大学学业生涯是个人在大学阶段依据自己的人生理想，为了实现自我价值而逐渐开始的一种学习历程。不同的人有不同的大学学业生涯，可能某些人的大学学业生涯有某些相似之处，但其实质或是最终形成的结果可能是完全不一样的。

2. 发展性

大学学业生涯是一个动态的发展历程，同学们在学校学习的不同阶段会有不同的要求，这些要求会不断地发展与变化，同学们也会随之不断地成长和完善。

3. 综合性

大学学业生涯以每位同学学生角色的发展为主轴，但不只包含学生一个角色，也包括了其他与学习有关的角色，如公民、子女等，涵盖人生整体发展的各个层面的各种角色。

（二）制定大学学业规划的原则

大学是人生的关键阶段，大学学业规划是职业生涯规划在大学阶段的体现，关系到我们后续的就业及职业理想的实现，我们在制定大学学业规划时要遵守以下原则。

1. 可行性原则

大学学业规划是每个人依据自身的实际情况制订出来的阶段计划，要切实可行，具有现实性、可操作性，并且我们经过努力后能够达到每个阶段的目标。

2. 可调节原则

大学学业规划具有与时俱进的发展性，包括人的发展性和职业环境的发展性，这决定了其本身不是孤立、静止的，其应该能够根据社会需求的发展变化和个体主观条件的变化，随时进行修正。例如，对于阶段性目标，我们可以根据实际进展，酌情提高或降低。

3. 科学性原则

大学学业规划以心理学为基础，客观分析人的成长成才规律；以发展的唯物主义为依据符合职业生涯发展的一般走向。

4. 可测评原则

大学学业规划的总体目标及阶段性目标要具体，要有明确的时间限制和检验标准，以便对其进行调节优化。

（三）制定大学学业规划的意义

在大学阶段制定学业规划，可以让我们尽早树立主动学习意识，了解和掌握将来就业需要的知识和技能，培养我们的综合素质及就业能力；还能让我们避免学习的盲目性和被动性，激发学习的内在动力，更热爱学习。总体来说，制定大学学业规划有着非常重要的意义。

1. 能增强自我约束力和自我管理能力

没有大学学业规划，我们的时间、精力容易荒废，在生活和学习中容易漫不经心，心态容易消极怠慢，很容易陷入与学业无关的琐事中，虚度大学美好光阴、浪费青春。而大学学业规划能让我们明白现在做的每一件事都是在推动实现未来的目标，从而重视现在、把握现在，集中时间、精力和资源，完成学业。

2. 能增强生活与学习的主动性

一份有效的学业规划，能够引导我们认识自身的个性特质、现有的和潜在的资源优势，对自己的综合优势与劣势进行对比分析，树立明确的学业发展目标与未来职业理想，评估个人目标与现状之间的距离，学会运用科学有效的方法，采取切实可行的步骤和措施,不断增强自己的学业竞争力,实现学业目标与职业理想。从大一开始,同学们就应该认清自己的学习发展方向,并在大学期间为自己的目标努力,而不是到大四快毕业了,才开始想自己到底想要干什么,改变以往的被动局面,由"要我学"变为"我要学"。

3. 能促使大学生积极向上和自我完善

大学学业规划是我们努力的依据,也是对自我的鞭策。随着大学学业规划每一个具体目标的实现,我们会越来越有成就感,我们的思想及心态就会向着更积极向上的方向转变。好的大学学业规划为我们提供了完成学业的清晰蓝图,使我们对完成学业的过程有清晰透彻的认识,进而使我们更有信心、勇气进行自我完善。

4. 有助于自我定位

我们要不断地了解自己、发掘自己的特点,进而不断地进行调整与修正,找出自己感兴趣的领域,确定自己的优势所在,明确自己进入社会的切入点,进而明确人生目标,完成自我定位。制定大学学业规划的过程是一个有弹性的动态的过程,是一个认识自身优势与劣势、面临的机会与挑战的过程,是一个自我定位、规划人生的过程,就是一个回答"我能干什么""社会可以给我提供什么机会""我选择干什么"等问题的过程,制定大学学业规划能使我们的理想具有更强的可实现性,为我们进入社会提供明确的方向。

二、大学学业规划的制定方法

大学学业规划有很多种制定方法,下面介绍几种主要的方法。

(一)参考法

参考法,是指以他人成功的例子为参照,从中吸取经验,学习有用的规划方法和技巧,从而制订出适合自己的具体规划。世界上的成功人士数不胜数,他们的宝贵经验是一笔巨大的财富,对我们制订大学学业规划具有重要的指导意义。

参考法的核心在于借鉴,而非一成不变地照搬。人的性格、爱好、能力、所处环境各有不同,倘若只是一味走别人走过的道路,不能将他人成功的经验转化为契合自身实际的规划,无疑是邯郸学步,再宏伟的规划也只是空中楼阁而已。

(二)探索法

运用这种方法的前提是对自身的性格、爱好、特长、能力、所处环境、发展潜力和发展前景等方面进行充分的认识，我们在此基础上有针对性地选择目标、制定实施方案，并结合实际不断地评估和修正方案，最终完成大学学业规划。

与参考法相比，探索法需要花费更多的精力，但是更符合个人实际情况，所以这两种方法没有优劣之分，它们可以互相借鉴、优势互补。没有原创的借鉴就是照搬，没有借鉴的原创难免沦为空想。因此我们在制定大学学业规划时，应综合运用这两种方法，让其相辅相成，发挥最大的效用。

（三）逆推法

逆推法是一种辅助方法，是指将既定的目标作为起始点，逆向推出要顺利实现这一目标的每一个具体步骤，从而针对每一个步骤制定相应的实施方案和措施。逆推法在分解长期目标、建立阶段性目标的过程中有较高的运用价值。

三、大学学业规划的制定过程

大学学业规划的制定过程直接影响大学学业规划是否有效，所以我们要对其高度重视。大学学业规划的制定过程可以分为以下几步。

（一）审视自我

我们在做大学学业规划之前，应该反复审视自我，充分认识自身的条件及所处的环境。要通过自主学习、听报告、接受辅导、咨询他人等方式，了解自己的性格、兴趣、特长等，明确自身的优势；要善于通过不断总结、反思等，加深对自己的认识和了解，发现自己的不足，正确评价自己、定位自己。具体而言，我们可以从以下方面入手。

首先，分析自己的兴趣爱好，认定自己想干什么。兴趣是理想产生的基础，人们可以为自己所钟爱的事业奋斗终身。但目前有很多大学生对自己的兴趣认识不足，甚至没有兴趣。所以我们一定要认清自己的兴趣是什么，选择自己喜欢的专业方向和研究领域进行学习。

其次，分析自己的能力、特长，确定自己能干什么。能力是人的综合素质在实际行动中的表现。任何职业都要求从业者掌握一定的技能、具备一定的条件，所以我们要结合自己的兴趣，在认清自己想干什么的基础上确定自己已经具备和应该培养的能力。

（二）评估环境

评估环境相当于评估外在条件，也就是分析未来，确定社会需要什么人才。大学生在制定学业规划时，评估环境主要是指评估各种环境因素对自己学业发展的影响。每个人都处在一定的环境之中，离开了这个环境，便无法生存与成长。所以，我们在制定大学学业规划时，要分析环境的特点、环境的发展变化情况、自己与环境的关系、自己在这个环境中的地位、环境对自己提出的要求，以及环境对自己产生的有利与不利的影响等；要学会着眼将来、预测趋势，立足于社会不断发展变化的需求，避免盲目跟风，选择社会需要又最适合发挥自身优势的专业方向和研究领域；要学会把自己的兴趣、能力、特长和社会需要结合起来，把想干什么、能干什么、社会要求干什么有机地结合起来。我们只有对环境因素充分了解，才能做到在复杂的环境中趋利避害。

（三）确定目标

学业目标的确定是大学学业规划的核心。一般来说，大学生的学业目标与其职业目标紧密结合，学业目标是职业目标的阶段性成果，分为就业、考研、考公、创业四大类。

在确定学业目标的过程中要注意以下几个方面的问题。第一，学业目标一定是以职业目标为前提的。第二，学业目标要适合自身的特点，并建立在自身的优势之上，应以自己的最佳才能、最优性格、最大兴趣为确定依据。第三，学业目标要高远，但大学生不能好高骛远。第四，目标不宜过于宽泛，要具体一些，这样个人才能全身心地去实现目标，才更容易成功。

（四）分解目标、制定实施方案

"九层之台，起于累土；千里之行，始于足下。"任何长远目标的实现都不是一蹴而就的。因此，我们首先应该对长远目标进行分解，将其划分为若干个易于达到的阶段性目标。目标分解是将目标清晰化、具体化的过程，是将目标量化成可操作的实施方案的有效手段。

然后制订详细的行动计划。目标分解后，根据每个阶段的具体小目标制订详细的行动计划，制订行动计划时需要遵循SMART原则，行动必须是具体的（Specific），且是可以衡量的（Measurable），必须是可以做到的（Attainable），必须和目标是有相关性（Relevant），必须具有明确的截止期限（Time-based），比如每天背 50 个英语单词、每节英语课都把老师讲的重点记下来形成复习资料等。

（五）检查与调整

在每一个阶段计划完成之后，我们需要将完成情况和预计情况进行对比，检查计划的有效性和可行性，并根据当时的条件进行必要的调整。这有助于我们发现问题、弥补不足，使大学学业规划更加合理。

四、大学学业规划的具体内容

大学阶段是一个人学习知识的阶段，也是一个人发展素质的阶段。我们要学会分阶段制定大学学业规划。

大学一年级为适应期。新生入学后，应尽快熟悉环境，建立新的人际关系；尽快实现学习观念和方法的转变，摆脱中学阶段的依赖心理，培养自主学习的能力；注重对基础知识的学习。

大学二年级为定向期。这一阶段，学生应努力学习专业知识，规划专业知识结构，并围绕学业规划重点培养与专业相关的素质，形成相对稳定的兴趣和目标；同时，通过社会实践，加强对实践技能和社交能力的锻炼。

大学三年级为冲刺期。这一阶段，学生在加强专业知识学习、寻找工作或准备考研、出国留学的同时，应多多收集与自身发展相关的各种信息，进一步明确自身目标；同时，通过实习和兼职培养职业适应能力。

大学四年级为分化期。这一阶段，学生在有了明确的目标后，可对前三年的准备做个总结：检验已确立的目标是否明确，准备是否充分，同时对存在的问题进行必要的修补。

某位优秀大学生的大学学业规划如表 8-1 所示，供大家参考。

表 8-1　大学学业规划示例

第一年：探索	（1）参加各种课程以探索自己的兴趣、技能和能力； （2）参加校园实践和社团活动，增强自己的综合能力
第二年：研究	（1）认真学好各门专业课程； （2）考取相关证书； （3）参与竞赛及科研项目，增强专业技能及团队协作能力； （4）与辅导员、导师、毕业生等交流，听取他们的观点，确定职业方向

续表

第三年：决定	（1）安排好自己在校园内外的活动，培养自己的组织领导能力等； （2）从相关岗位人员那里了解工作的真实信息； （3）参加校园招聘会
第四年：工作探索	（1）阅读专业刊物使自己保持对行业现状的了解，同时试图获得一些工作机会； （2）从相关人员那里得到参考意见，得到关于个人情况的反馈； （3）练习面试技巧； （4）做好充分准备，寻找一份最适合自己的工作

五、大学学业规划的实施

如果你已经制定出了一份大学学业规划，那么请按照规划内容认真执行吧！大学学业规划只是为你指明了方向，严格地实施它才能引导你一步一步接近目标。在实施的过程中，你能不断加深对自身和环境的认识，不断学习到新的经验，获得新的感悟。总之，在实施大学学业规划的过程中，你能不断成长。

（一）大学学业规划的评估与修订

在实施之前，我们最好对大学学业规划做一个评估，大概考察一下其可行性、可操作性等，修正一些不太实际的措施。这也是为大学学业规划能顺利实施所做的必要准备工作，能让大学学业规划以尽可能完善的状态开始执行，尽量减少做无用功及走弯路的现象。评估方法一般有以下两种。

1. 经验评估法

经验评估法，就是指以从实际经历中获得的经验作为依据，估计方案的可行性、效果、执行难度等。这里所说的实际经历不但包括方案制定者本人的经历，也包括其他人的类似经历。"以人为鉴，可以知得失"，他人的经历能给我们提供非常多有价值的经验，尤其是了解别人失败的经历，可以有效避免我们重蹈覆辙。

2. 咨询评估法

咨询评估法是通过与别人沟通、讨论，听取别人对自己方案的看法和意见，找出方案的不足并加以改进和优化的一种方法。这种方法最大的优势在于直接，我们可以直接听取别人的看法，综合多方意见加以分析，获得的信息量相对较大，看问题的角度也相对客观和全面。

其实，对大学学业规划的评估没有固定的方法，同学们可以根据实际需要灵活运用不同的评估方法。比如同班同学之间、同宿舍室友之间、志趣相投的伙伴之间，可以对彼此的大学学业规划进行分析，相互启迪，取长补短、去芜存菁，这可以让我们受益无穷。

同时我们也应了解到影响大学学业规划的因素很多，有的因素是可以预测的，而有的因素难以预测。在此状况下，要使大学学业规划行之有效，就必须不断对其进行修订。可以修订的内容包括目标、发展路线、实施措施与计划等。修订规划并不是指随意改变规划，而是根据客观环境的变化，使规划更具有可操作性。同时，修订结果还可以作为制定下一轮规划的参考依据。其实，修订过程也是个人对自我、对社会的认识不断加深的过程。

（二）实施行动计划

再好的规划，如果没有实施也只能是纸上谈兵。我们要想成功完成大学学业，就要制定可行性措施，一步一步地实施自己的规划。只有在有力、可行措施的保障之下，学业目标才能成为现实，从而使我们大学 4 年的学习生涯更加绚丽。在具体实施行动计划的过程中，为保证我们朝着既定的目标顺利前进，应该注意以下几点。

1. 加强执行力

执行力是执行规划的直接动力，有了稳定的执行力，规划才能顺利执行并且我们不会半途而废。有些同学精心制订了规划，可是一旦遇到困难或挫折就放弃了。没有执行的规划没有任何意义。

2. 牢记目标

每个人在生活中都有许多目标。没有目标的人生，就好像航行在大江大海中没有舵手的船。人生没有目标，就会失去意义，我们就会丧失生活的动力，虚度人生。不幸的是，在我们追逐人生目标的过程中，我们又会不时被一些细枝末节和毫无意义的琐事分散精力、扰乱视线，以至于中途停了下来，或是走上岔道而放弃自己的既定目标。究其原因，还是我们没有牢记心中的目标。目标坚定与否、清晰与否，常常关系着规划执行的效果，没有目标或者目标不清晰，往往会导致我们执行规划的方向出现重大偏差。我们应该时刻牢记自己的目标，不要忘记我们心中的目的地在何方。

3. 做好时间管理

有时候，规划之所以不能有效地得到实施，就是因为我们没有做好时间管理。时间管理其实是指对自我的管理，我们要利用好有限的时间，从而高效地达成自己的目标。有效利用时间的习惯一旦形成，它就会永远给我们带来好处。

常用的时间管理技巧有以下几点。

（1）抓住重点。事情可以按照重要性和急迫性进行划分为既紧急又重要的事情（如学习任务、考试等）、重要但不紧急的事情（如建立人际关系等）、紧急但不重要的事情（如接电话等）、既不紧急也不重要的事情（如闲谈等）。我们应把主要精力放在处理那些重要但不紧急的事情上，这样做既有利于把握事情的主要方面，又可以避免我们将来成为"救火员"。

（2）集腋成裘。生活中有许多零碎的时间很不为人注意，其实这些时间虽短，但我们可以将其充分利用起来做一些事情。比如等车时可以思考下一步的工作、翻翻报纸乃至记几个单词，运动时可回想遇到的困难和亟待解决的事等。

（3）学会说"不"。计划赶不上变化是经常出现的情况，但是我们可以对一些事情说"不"，不要被无聊的人和无关紧要的事情缠住，也不要在不必要的地方逗留太久。一个人只有学会说"不"，才会得到真正的自由。

（三）反馈修正

有过登山经验的人都知道，去往山顶的路往往不止一条，当你沿着原定的路线往山顶攀登的时候，可能会偶然发现一条小路，你走上这条小路也许就能有意外的收获。大学学业规划的实施就像是在登山，虽然你的目的地没有变，但是一路上会有许多的新变化。周围的环境在渐渐改变，你自身的能力在不断提高，这一切都有可能使你原定的规划不再像当初那么适合你。这时你应该意识到，是时候修正规划了，你需要根据目前的实际情况对原定规划做调整，使之适合你的现状。事实上，规划的实施总是伴随着不断的修正，并且修正的过程往往能加深你对周围环境的认知，给你带来更多的收获。

大学阶段作为人生的关键期，对人的一生有着不可替代的影响。而大学学业规划的重要性已越来越为现代人知晓，它能为大学生将来成功适应社会打好基础。随着高校的扩招，高校毕业生人数越来越多，就业形势变得严峻。这种严峻的形势也决定了现今的大学生要对大学阶段进行全方位的规划，有的放矢地实现自身目标。进入大学后，大学生的身心进一步成熟，具备了进行职业生涯规划的较好条件，已经有能力进行自我规划；另外，社会的需求、期待和压力也进一步促使大学生进行规划；同时大学生有了一定的理想，自我规划能帮助大学生制定恰当的人生目标，让其有前进的动力。合理的规划能有效帮助大学生增强自我约束力和自我管理的能力，增强大学生的学习积极性和主动性，引导大学生积极向上和自我完善，并有助于大学生进行自我定位，为今后的就业打下坚实的基础。

　　总之，大学生早一天放下犹豫与观望，早一天承担起大学学业规划和职业生涯规划的主体责任，真正弄清楚"谁要规划"，真正澄清"自己要什么"，认真审视"自己能做什么"等问题，并实实在在地将规划付诸实践，积累起厚实的职业资产，就能早一天寻找到适合自己的学业与职业发展之路，真正做到"我的未来我做主"。

第九讲

多彩选择：生活与追求

　　大学是传承文化、传播知识、追求真理的场所。学习是大学生的主要任务，大学生应该把大部分时间和精力放在学习上，并通过自己的努力取得优异的成绩。然而，大学生活又不仅仅包含学习，而应当是丰富多彩和富有朝气的。积极向上的政治追求、丰富多彩的文化熏陶、五彩斑斓的情感生活等，构成了大学生多彩的大学生活。

第一节　政治追求

新时代的大学生应当有正确的政治追求，要坚定正确的政治方向，热爱祖国，拥护中国共产党的领导和社会主义制度，努力学习马克思主义；应当有艰苦奋斗的精神，努力为人民服务；应当自觉遵守法律法规，严格遵守校纪校规，增强法治观念，有良好的品德；应当勤奋学习，努力掌握现代科学文化知识，立志成为有理想、有道德、有文化、有纪律的人才。

一、大学生政治素质的要求

进入新时代，我国经济社会发展正日益融入全球政治多极化、文化多元化、经济一体化进程之中。大学生正处于世界观、人生观、价值观形成的关键时期，容易受到各种不良思想的影响。因此，只有紧密结合新时代对大学生政治素质提出的新要求，抓好大学生政治教育，才能引导大学生树立起正确的世界观、人生观、价值观。

（一）政治素质的基本要求

当代大学生政治素质的基本要求在于要以理想信念教育为核心，深入进行树立正确的世界观、人生观和价值观教育，主要解决正确认识党举什么旗帜、国家走什么道路和自身社会责任问题，不断夯实大学生的政治素质基础。

1. 正确认识新时代 10 年发生的历史性变革

中国共产党的百年历史告诉我们，拥有坚强的领导核心、科学的理论指导是成熟的马克思主义政党的重要标志，是关系党和国家前途命运、党和人民事业兴衰成败的根本性问题。新时代 10 年的伟大实践充分证明，党确立习近平同志党中央的核心、全党的核心地位，确立习近平新时代中国特色社会主义思想的指导地位，反映了全党全军全国各族人民共同心愿，对新时代党和国家事业发展、对推进中华民族伟大复兴历史进程具有决定性意义。"两个确立"是党在新时代取得的重大政治成果，反映了全党全军全国各族人民共同心愿和共同意志，是我们党应对一切不确定性的最大确定性、最大底气、最大保证。正是因为有习近平总书记领航掌舵，全党才有了"顶梁柱"，14 多亿中国人民才有了"主心骨"；正是有了习近平新时代中国特色社会主义思想的科学指引，全党全军全国各族人民才有了思想上的"定盘星"、行动上的"指南针"。新时代的伟大变革是在以习近平同志为核心的党中央坚强领导下、在习近平新时代中国特色社会主义思想指引下，全党全军全国各族人民团结奋斗取得的。

2. 正确认识"两个确立"对新时代党和国家事业发展、对推进中华民族伟大复兴历史进程具有决定性意义

全面建成社会主义现代化强国、实现第二个百年奋斗目标，以中国式现代化全面推进中华民族伟大复兴，是我们党在新时代新征程上的中心任务。"行百里者半九十"。在新的赶考之路上，必然要面对各种重大挑战、重大风险、重大阻力、重大矛盾，必须有坚强的领导核心领航掌舵，必须有科学的思想理论指引方向，才能应对各种风险挑战，赢得历史主动。对于我们这样一个大党大国来说，只有坚定维护习近平总书记的核心地位，才能把全党团结成"一块坚硬的钢铁"，进而把全国各族人民紧密团结起来，形成万众一心、无坚不摧的磅礴力量；只有毫不动摇坚持习近平新时代中国特色社会主义思想的指导地位，才能带领全国各族人民不断开辟以中国式现代化推进中华民族伟大复兴的光明前景。

3. 正确理解中国式现代化

2023 年 2 月 7 日，习近平在新进中央委员会的委员、候补委员和省部级主要领导干部学习贯彻习近平新时代中国特色社会主义思想和党的二十大精神研讨班开班式上的重要讲话中强调："中国式现代化是我们党领导全国各族人民在长期探索和实践中历经千辛万苦、付出巨大代价取得的重大成果，我们必须倍加珍惜、始终坚持、不断拓展和深化。"党的十八大以来，我们党在已有基础上继续前进，不断实现理论和实践上的创新突破，成功推进和拓展了中国式现代化。创立习近平新时代中国特色社会主义思想，为中国式现代化提供了根本遵循；概括形成中国式现代化的中国特色、本质要求和重大原则，初步构建中国式现代化的理论体系；深入实施科教兴国战略、人才强国战略、乡村振兴战略等一系列重大战略，为中国式现代化提供坚实战略支撑；特别是消除了绝对贫困问题，全面建成小康社会，为中国式现代化提供了更为完善的制度保证、更为坚实的物质基础、更为主动的精神力量。党的领导直接关系中国式现代化的根本方向、前途命运、最终成败，党的领导凝聚建设中国式现代化的磅礴力量，我们党坚持党的群众路线，坚持以人民为中心的发展思想，发展全过程人民民主，充分激发全体人民的主人翁精神。实践证明，中国式现代化走得通、行得稳，是强国建设、民族复兴的唯一正确道路。中国式现代化既有各国现代化的共同特征，更有基于自己国情的鲜明特色，所蕴含的独特世界观、价值观、历史观、文明观、民主观、生态观等及其伟大实践，是对世界现代化理论和实践的重大创新。2023 年 2 月 7 日，习近平在新进中央委员会的委员、候补委员和省部级主要领导干部学习贯彻习近平新时代中国特色社会主义思想和党的二十大精神研讨班开班式上的讲话指出："中国式现代化，深深植根于中华优秀传统文化，体现科学社会主义的先进本质，借鉴吸收一切人类优秀文明成果，代表人类文明进步的发展方向，展现了不同于西方现代化模式的新图景，是一种全新的人类文明形态。"

4. 努力成长为新时代好青年

伟大的五四运动标志着中国青年成为推动中国社会变革的急先锋。中国共产党本就是由一批热血青年创立的，党的青春基因与生俱来。在革命、建设、改革各个历史时期，一代又一代中国共产党人，大多数都是在青年时代就满怀信仰和豪情加入了党组织，并为党和人民奋斗终身。中华民族伟大复兴正处于关键时期，这为广大青年成长成才、干事创业提供了广阔发展空间，也决定了新时代中国青年是实现中华民族伟大复兴的关键一代。当代中国青年生逢其时，施展才干的舞台无比广阔，实现梦想的前景无比光明。大学生要自觉用党的科学理论武装头脑，坚定不移听党话、跟党走，立志做有理想、敢担当、能吃苦、肯奋斗的新时代好青年，让青春在全面建设社会主义现代化国家的火热实践中绽放绚丽之花。

（二）大学生需具备崇高的理想和良好的道德品质

理想是人生的奋斗目标，是一个人发展的动力所在，而良好的道德品质是实现崇高理想的重要前提。作为新时代的接班人和国家未来的栋梁，大学生是否具备崇高的理想，是否具备良好的道德品质，对个人和国家的未来发展都具有重要而深远的影响。在新时代背景下，大学生只有树立起崇高的理想，并养成良好的道德品质，才能朝着正确的方向前行，才能真正成长为德才兼备的国之栋梁。

（三）大学生需具备勇于担当的精神

青年有担当，国家才有未来。当代大学生是青年的杰出代表，是新时代的接班人，应该有对自己负责和对国家负责的情怀。大学生主动增强担当的意识和精神能够使大学生更自觉理性地把握好人生之路，学会如何完善自身，积极追求使物质和精神生活幸福和智慧的生活方式，不断适应个人和社会发展需求，使得在个人社会化过程中能够立足于社会，促进适应社会发展的良好人格的形成。

（四）大学生需具备勇于探索、勇于创新的精神

改革是社会主义的本质要求，正是通过不断改革与创新，我国的社会主义现代化建设才有了今日的辉煌成就。未来社会仍需要在不断创新中求发展，而当代大学生是创新发展的主力军，如果大学生缺乏创新精神和意识，个人素质就很难得到提升，就会丧失很多发展机会。

二、大学生政治素质的培养

大学生政治素质是大学生在特定的政治生活情境中，在政治理论、政治态度的影响下自觉做出政治行为，从而参与政治生活、从事社会政治活动或解决政治生活中所遇问题的一种综合能力。大学生政治素质作为大学生素质的重要方面，是大学生运用自身知识和能力的方向性保证，对大学生的学习和实践起到关键性作用。大学生必须明确目标，看到自身的差距，通过多种途径和方法，努力提升自己的政治素质。

对于新时代大学生政治素质的培养，大学要始终坚持政治导向，引导学生提高自身素养和道德品质，在教育形式和内容上要不断探索，及时利用新手段、新方法，与大学生实际相结合，与大学生自身特点相结合，在实践和创新的道路上不断检验和反思，及时改进，以符合当代大学生乐于求知探索、乐于创新的特点。

1. 充分利用思想政治理论课的主渠道

思想政治理论课包含了《思想道德修养与法律基础》《形势与政策》《毛泽东思想和中国特色社会主义理论体系概论》《马克思主义基本原理概论》《中国近代史纲要》《习近平新时代中国特色社会主义思想》等课程，是系统学习和掌握马克思主义和中国特色社会主义理论体系，提高大学生基本政治素质的主渠道。

大学生要充分利用思想政治理论课这个主渠道，坚持用马克思主义，特别是马克思主义中国化的最新成果指导实践、武装头脑，从而树立正确的世界观、人生观、价值观，树立正确的理想信念，深刻领悟"两个确立"的决定性意义，进一步增强"四个意识"、坚定"四个自信"、做到"两个维护"，通过理论学习认识到中国特色社会主义的伟大成就来之不易，要珍惜机遇、把握机会，努力成为担当民族复兴大任的时代新人。

2. 积极参加党、团组织的学习

凡是在政治上积极要求进步的大学生，进校后都会及时地报名参加党、团组织的学习。党、团组织的学习包括党课、团课、主题党日和团日、党和团的组织生活等。党课或团课将系统地讲解党、团组织的基本知识、马列主义、毛泽东思想和中国特色社会主义理论体系等重要理论，介绍党、团组织的光荣历史和传统，提高或启发党员、团员的共产主义思想觉悟，围绕不同时期的中心工作，统一党员或团员的思想，提出明确要求，为完成中心工作做好思想上的准备。除党课或团课之外，大学生还可以积极参加党、团组织开展的主题活动，在行动上积极向党、团组织靠拢。另外，党支部和团支部也会适时开展组织生活、理论学习，带领党员和团员讨论国内外大事、学习党内和团内文件精神，检查党员和团员完成工作的情况，讨论党员、团员共同关心的问题和党员、团员的思想愿望、意义和要求，引导党员和团员过好民主生活，开展表扬、批评与自我批评。党员和团员同学应该履行好义务，积极参加党、团的组织生活，不断提高自身思想素质。

3. 运用新型媒介的学习

在信息化时代，网络新媒体改变了我们的生活方式、学习方式、娱乐方式，甚至思维方式等。大学生几乎无人不网、无日不网、无处不网，微博、微信公众号、论坛等新型媒介为我们提供了海量的信息，同时也让我们面临一些新的潜在危机。我们应当借助网络获取更多有益于政治素质和学习能力提高的知识与信息，关心世界形势和国家大势，关注中国特色社会主义发展和社会主义建设大局，不断提高自身综合素养，培养自己独立思考、独立解决问题的能力。我们要理性地分析和对待网络上的各种信息，用马克思主义的观点对各种现象进行剖析。

第二节　文化熏陶

　　专业知识和专业技能是大学生谋生的优势和条件，能使大学生较好地适应社会、较好地生存。但是，生存的目的是更好地生活和更好地发展和完善自己。一名受过高等教育的大学生，除了应该具有丰富的专业知识和专业技能外，还应该有一定的兴趣和爱好。因此，在大学期间，除了完成学习这个主要任务之外，在课余时间，大学生应该主动培养自己的兴趣和爱好。这样可以不断地丰富我们的大学生活，使大学生活更有意义，更加难以忘怀。

一、培养积极健康的兴趣、爱好

　　积极健康的兴趣、爱好符合现代文明的要求，也符合科学精神和科学生活的要求。培养积极健康的兴趣、爱好，是培养高雅生活情趣的起点，有助于培养丰富的、健康的、高尚的情感，也有利于良好道德品质的形成和发展。

（一）兴趣、爱好的作用

　　兴趣、爱好越广泛，人们的生活就越丰富多彩，人们对生活的感受和体验也就更加深刻，从而更加热爱生活、珍惜生活。积极健康的兴趣、爱好有利于促进人与人之间和谐关系的形成。现代社会的开放程度越来越高，竞争也越来越激烈，人们的生活和思想压力大，这容易造成人际关系淡漠。培养积极健康的兴趣、爱好有利于改变这种狭隘的"利益本位"和"个体本位"认识，缓解现代人的压力，增添生活乐趣，减少争执纠纷，使人们用更愉快的心情面对人生和社会，用更友善的方式对待身边的每一个人，从而在全社会营造出团结和谐、安定有序的友好氛围。

（二）培养自己的兴趣、爱好的方法

　　那么，怎样才能培养兴趣、爱好呢？首先，要热爱生活；其次，应努力成为这方面的行家；然后，再让自己不断地取得一些成就。其实，只要你肯花精力、

刻苦学习、用心钻研，就一定能做好；一旦做好，你心理上就会产生愉悦感，就会喜欢它，于是你就更愿意学习、研究它，因此，也就能做得更好，如此形成良性循环。

1. 参加班级活动

在大学校园里，班级是大学教学和管理最基层的学生组织，也是大学教育的基本单位，各项教育和管理目标的落实及教学计划的实施均需通过班级来完成。班级是同学互相组成的一个整体，彼此之间要心往一处想，劲往一处使，拧成一股绳。这样容易产生凝聚力，人人都有一种强烈的集体荣誉感。班级活动多以文体娱乐为主，内容或形式生动活泼、喜闻乐见、参与性强，寓学于乐、寓乐于学。同学们可以在班级活动中寻找乐趣，在乐趣中培养爱好。

2. 参加社团活动

学生社团是学生在自愿的基础上组成的群众性团体。随着大学生要求全面发展、提高自身综合素质的愿望逐步强烈，社团活动逐渐为更多的大学生接受并喜爱。大学里的社团主要有以下几种。

（1）兴趣性社团。主要是由不同学科、不同专业、不同年级的学生，根据自己的兴趣和爱好自愿组成的社团，如摄影协会、文学社、书法绘画协会等。这种类型的社团丰富和活跃了大学生的课余生活，培养和发展了大学生的各种兴趣和爱好，陶冶了大学生的情操，锻炼了大学生的综合能力。

（2）学术性社团。主要是指以专业学习、学术研究和学术交流为活动内容的社团，如学术科技类、调查研究类协会等。这类社团一般聘请教授或专家担任指导教师，大都具有较强的针对性和科学性，对大学生有很强的吸引力和影响力，并且对培养大学生的专业素养、创新精神和科研能力，提升大学生的学术交流水平，都具有很大的促进作用。

（3）文艺体育性社团。主要是指在学校的组织下，能代表学校对内、对外开展活动的学生社团，如大学生艺术团、健美操队、啦啦队、礼仪队、合唱团等。这类社团对于培养大学生的综合素质，提升大学生的艺术修养，树立学校的良好形象发挥了积极的作用。

（4）服务性社团。主要在校内外开展各种形式的公益活动或勤工助学活动，如法律援助中心、创业就业导航站、家教服务中心等。这类社团的成员利用课余时间或假期走向社会，开展社会调查和咨询服务等活动。参加服务性社团能培养大学生的自立能力和劳动意识，也可以使部分大学生得到一些收入。

二、参加校内外各类活动

多数校内外活动具有组织性和群体性特征，因此校内外各类活动参与经历能够促进大学生的人际交往能力和心理适应能力，更好地了解自我，从而为未来迈入社会打下良好的基础。

（一）校园文化活动

大学校园文化活动丰富着广大大学生的课余文化生活，同时也是推进大学生学习中华优秀传统文化、增进民族感情、实现文化认同、增强文化自信的重要载体。参与和组织校园文化活动能使大学生开阔视野、增长知识、锻炼能力、提高修养。许许多多大学生正是在校园文化活动中，不断培养和开发自己的潜力，找到了自己的真正兴趣所在，甚至确立了自己一生追求的事业。今天，几乎每所大学都十分重视校园文化建设，把校园文化建设作为推动人文素质教育和学生综合素质培养的重要平台。比较常见的校园文化活动有以下几种。

1. 全国大学生艺术展演与校园文化艺术节

全国大学生艺术展演由教育部主办，是面向全体大学生的文化艺术类竞赛，是展现当代大学生心系祖国，与人民同行、与时代同行、与梦想同行的崇高追求的重要舞台，主要有声乐、器乐、舞蹈、戏剧、朗诵、摄影、书画、设计、微电影等形式的比赛。许多大学也会举办精彩的校园文化艺术节，为大学生展示才华提供舞台，展现当代大学生朝气蓬勃、奋发有为、开拓进取的青春风采。校园文化艺术节的项目丰富多彩，主要有综艺晚会、校园歌手比赛、相声比赛、小品比赛、朗诵比赛、书画比赛、海报比赛、舞蹈比赛等。这些项目都很好地展现了当代大学生的青春活力，活跃了校园气氛，丰富了大学生的课余生活。

2. 宿舍文化艺术节

宿舍文化艺术节是校园文化活动的形式和内容之一。作为学习与生活的"主战场"，宿舍承载了大学生大量的时间和精力。宿舍文化艺术节不仅能丰富大学生的校园生活，更能促进大学宿舍关系的和谐与和睦。宿舍文化艺术节以学生宿舍为阵地，以宿舍文化活动为载体，把对大学生的思想政治教育、宿舍文化建设和创新精神培养有机地结合起来。宿舍文化艺术节的形式有优良学风宿舍评比、宿舍生活摄影比赛、宿舍装饰大赛、宿舍才艺大赛、文明宿舍评比等。随着时代的发展和进步，宿舍文化艺术节的活动形式和内容也在不断完善和充实。

（二）科技学术活动

大学生参加科技学术活动，是高科技时代和现代化建设对高校人才培养的迫切要求，也是大学生面向现代化、面向世界、面向未来的客观需要。近年来，高校对大学生科技学术活动更加重视，比如许多高校专门成立了大学生科技学术活动指导委员会，建立了大学生科技学术活动基金，设立了科研学分、科技助学岗，有的还启动了大学生研究训练计划、大学生课外研究实践计划。高校普遍实施了大学生素质拓展计划，以"挑战杯"全国大学生课外学术科技作品竞赛、"创青春"全国大学生创业大赛、中国国际"互联网＋"大学生创新创业大赛、全国大学生机器人大赛 Robocon 等为依托，为学生提供了良好的科技学术活动平台和丰富有效的载体。此处主要介绍"挑战杯"全国大学生课外学术科技作品竞赛和全国大学生机器人大赛 Robocon。

1. "挑战杯"全国大学生课外学术科技作品竞赛

"挑战杯"全国大学生课外学术科技作品竞赛是一项全国性的竞赛活动，创办于 1986 年，由国家教育委员会、共青团中央、中国科学技术协会、中国社会科学院、中华全国学生联合会、省级人民政府主办，承办单位为国内高校。该竞赛是全国最具代表性、权威性、示范性、导向性的大学生竞赛，每两年举办一次，旨在鼓励大学生勇于创新、积极迎接挑战，培养跨世纪创新人才。

"挑战杯"全国大学生课外学术科技作品竞赛在较高层次上展示了我国各高校的育人成果，推动了高校与社会间的交流，已成为大学生课余科技文化活动中的一项主导性活动，成为高校与社会交流与合作的重要窗口，成为促进高校科技成果向现实生产力转化的有效方式，成为培养高素质跨世纪人才的重要途径，从而越来越受到广大学生的欢迎和各高校的重视，也越来越在社会上产生广泛而良好的影响。

2. 全国大学生机器人大赛 Robocon

全国大学生机器人大赛 Robocon 始于 2002 年，每年举办一次。大赛的冠军队代表中国参加亚洲 - 太平洋广播电视联盟（Asia-Pacific Broadcasting Union，ABU）主办的亚太大学生机器人大赛（ABU Robocon）。青年学生的积极参与和众多机构的鼎力支持成就了大赛的健康发展。

　　每年，由 ABU Robocon 的承办国制定和发布比赛的主题和规则。参赛者需要综合运用机械、电子、控制、计算机等技术知识和手段，经过约 10 个月的制作和准备，利用机器人完成规定的任务。

（三）体育活动

　　体育是人类在社会发展中根据生产和生活的需要，遵循人的身心发展规律，以身体练习为基本手段，为增强体质、提高运动技术水平、进行思想品德教育、丰富社会文化生活而进行的一种有目的、有意识、有组织的社会活动。健康的校园文化，既需要有专业的学术活动作为骨架，又需要有活泼的体育活动作为血肉，这样整个校园文化运作起来才会既生动活泼，又健康向上。

（四）社会实践活动及志愿服务活动

　　社会实践活动是高校长期坚持开展的一项活动，它为大学生打开了一扇了解国情、认识社会的窗口。大学生通过社会实践活动，能更好地了解社会并看到自己和社会需求之间的差异，进而发现自身在知识和能力上的缺陷，达到客观地重新认识自我、评价自我的目的。在社会实践活动中，大学生动手、动脑、动嘴，直接面对社会各阶层、各部门的人员，能培养和锻炼实际工作能力，增强适应性。社会实践活动脱离课堂教学的束缚及校园生活的限制，需要大学生创新性地提出解决问题的办法，从而最终解决实际问题。社会实践活动涉及各种各样的环境和条件，大学生有时可能会面对非常多、非常大的困难，这要求大学生具有一定的牺牲精神和坚强的品质，对大学生养成务实的学习态度和生活作风有很大的帮助。

　　志愿服务活动是大学生参与社会实践的重要形式。志愿者，是指在不为物质报酬的情况下，基于道义、信念、良知、同情心和责任，而提供服务、贡献个人的时间及精力的人。志愿服务泛指利用自己的时间、技能、资源为社会提供援助的行为。经过多年的实践，我国高校的社会实践活动和志愿服务活动已经初步形成较稳定的内容和形式，总体来说，大学生可以参与的活动主要有以下几种。

1. 青年志愿活动

　　青年志愿活动以奉献、友爱、团结、互助为宗旨，让青年以志愿服务的方式参与社会生活、贡献个人力量，是新时期青年参与社会实践、提升个人综合素养的良好载体。青年志愿活动具有志愿性、无偿性、公益性、组织性四大特征。参与青年志愿活动既是"助人"，也是"自助"；既是"乐人"，同时也"乐己"；既是在帮助他人、服务社会，同时也是在传递爱心和传播文明。

近年来，大学生积极响应团中央号召，利用课余时间和假期开展了形式多样的青年志愿活动，涉及城市社区建设、环境保护、抢险救灾、社会公益等多个领域。

2. 暑期社会实践活动

暑期社会实践活动，是指大学生利用暑期进行的时间相对集中的、大规模的、大面积的社会实践活动。其内容丰富多样，包括社会调查（去革命老区、大中企业、乡镇企业、边远山区、经济特区参观访问、调查研究）、社会服务（对社会各界的科技服务、教育服务、医疗服务、文化服务）、企业咨询（技术咨询、管理咨询）、专业调研（承担某项科研课题，围绕课题需要进行的调查研究）、科技扶贫、智力支乡、回乡考察、义务劳动、社会宣传、慰问演出等。一般每年暑期进行 1～4 周。由于每年一次，时间集中，参加人数多，社会接触面大，直接对社会做贡献，暑期社会实践活动对于促使每个学生树立理想、坚定信念、了解国情、热爱工农、增长才干，对于在校园内形成关心祖国、面向社会、服务人民的群众观念和良好风尚起到积极的作用。

3. 文化、科技、卫生"三下乡"活动

文化、科技、卫生"三下乡"活动是高校持续开展多年的一项社会实践活动，并且已取得了可喜的成果。该活动的内容包括科技扶助、企业帮扶、文化宣传、医疗服务、法律普及、支教扫盲、环境保护等。在实践中，大学生发挥自身的知识技能优势，深入到农村、乡镇、田间地头乃至农户家里，广泛开展多种形式的志愿服务活动，受到基层干部和人民群众的欢迎；同时，还有部分大学生深入城市社区、工厂企业开展调查。大学生通过参与以上这些贴近群众的社会活动，体察民情、了解社会，既锻炼了自身能力，又加深了对社会的认识。

4. 社会调查和考察

社会调查是社会实践常用的重要形式。高校结合课堂教学与课外阅读，组织开展社会调查，对于大学生接触社会、了解国情，树立正确的世界观、人生观、价值观和掌握科学的方法论具有十分重要的意义。社会考察，是指学生按照一定的目的和要求，对社会现象和热点问题进行实地调查和考察的活动。如对改革开放和社会主义建设成就的考察，对我国各地区政治、经济、文化发展不平衡状况

的考察，对党的光辉历程的考察，等等。

5. 社会服务

社会服务，是指大学生利用周末、节假日或平时课余时间走进社会，从事各种无偿的服务活动。常见的有街头宣传（宣传交通法规、环境保护、计划生育、雷锋精神等）、便民服务（修理自行车、修理家用电器、义务理发等）、咨询服务（技术咨询、管理咨询、法律咨询、医疗咨询、心理咨询等）、技术服务（推广新产品、新工艺、新技术、新材料，协助农村和企业解决技术问题等）、管理服务（为企业的管理出谋献策，为企业培训干部和职工）、医疗服务（送医上门，宣传防病治病知识、计划生育知识、用药常识等）、演出服务（送戏上门、慰问演出等）、政法服务（参加乡镇、街道的人大代表换届选举，参加案件审理，等等）。这种形式的实践的时间虽不够集中，但能够使大学生与社会的接触经常化，拓宽了大学生与社会联系的渠道，有利于大学生树立为人民服务的思想，培养助人为乐的精神，不断增强社会责任感。

6. 勤工助学活动

勤工助学活动，是指大学生利用课余时间，参加体力或智力活动，获得一定的劳动报酬，以资助学习的实践活动，是社会实践活动的有偿形式。例如，大学生可担任家庭教师、修理家用电器、在宾馆和饭店从事服务性工作等。勤工助学活动大体上可分为以下4种类型：一是劳务型，即参加打扫实验室、清理校园、搬运和安装仪器设备、抄写和打字等有偿劳动；二是智能型，即利用课余时间进行技术开发、软件开发、工程设计等有偿的智力劳动；三是服务型，即利用课余时间从事一些面向社会的服务活动，领取相应报酬，如利用课余时间在学校为大学生开办的商店、餐馆、书店充当售货员、服务员等；四是管理型，即利用课余时间参加学校的一些有偿管理工作，如应聘担任学生宿舍楼的副楼长、学生食堂副管理员、图书馆兼职管理人员等。学校在组织勤工助学活动时，一般优先安排生活困难、学习刻苦的大学生。勤工助学活动有利于培养大学生的自强、自立精神，热爱劳动、艰苦奋斗精神；也有利于其树立参与意识，锻炼工作能力；还有利于减轻家庭困难的大学生的负担，使其顺利完成学业。

三、参加各类活动时应注意的问题

大学生参加校内外各类活动时应注意以下问题。

1. 参加校园文化活动时应该注意的问题

（1）正确认识校园文化活动。大学生参加各种校园文化活动，能培养自身对文化艺术的欣赏能力，同时发掘自身的文艺才能，促进身心的全面发展。

（2）校园文化活动不同于商业文化活动及其他社会文化活动。开展校园文化活动的根本目的在于提升大学生的修养和健全大学生的人格，校园文化活动具有强烈的引导性和塑造性。而商业文化活动和其他社会文化活动是针对社会大众的，带有明确的商业目的或者社会宣传目的，其开展的方式和手段也与校园文化活动有很大区别。

（3）大学生参加校园文化活动需遵循有选择的原则，量力而行。大学生一方面需要根据自己的特长和兴趣有针对性地参加校园文化活动，以提升自身技能；另一方面应根据专业学习的情况，在不影响专业学习的前提下选择性地参加校园文化活动。

（4）要勇于创新，用新思维、新办法来开展活动。校园文化活动是校园的常规性活动，如果不创新，就会陷入低水平的重复。校园文化活动的创新性不仅表现在大学生要在参加活动中更新观念，加强创新意识，使校园文化活动充满生机，而且要求组织者也要具有创新思维，组织为广大学生所喜闻乐见的活动，使大学生的素质在活动中得到提升。

2. 参加科技学术活动时应注意的问题

（1）对科技学术活动有正确认识。科技学术活动形式多样，大学生不能只抓"大"而放"小"，认为只有科技竞赛、课题研究才是科技学术活动，其他如学术讲座等就不是科技学术活动。实际上，听学术讲座等也要求大学生必须有一定的科研基础，可以帮助大学生开阔学术视野、了解学术前沿信息。

（2）参与科技学术活动要以打好基础为前提。大学生的首要任务是学习，大学生不能耽误专业知识学习，只顾参与科技学术活动。急于求成、好高骛远，无益于大学生素质的提高。

（3）注重培养对科技学术活动的兴趣。兴趣是最好的老师，大学生有兴趣就容易产生强烈的好奇心、求知欲。大学生要想在科技学术活动中有所收获，就必须调整心态、培养兴趣，积极主动参加科技学术活动，不断创新，而不是流于形式、不问结果。

（4）善于以实践为主，通过各种科技学术活动检验自己的科研能力。"少说多做"才能逐渐提高自己的科研能力，"厚积薄发"才能在科技学术活动中有所建树。

（5）紧密结合自身专业，有针对性地选择科研项目。科研项目的选择不要求面面俱到，大学生要选择自己较有把握的、有意义的科研项目。大学生可以只选择自己最有感受的一点深入研究下去，不一定要进行整体性研究。对大学生来说，更现实的做法是在专业学习的过程中，深入思考所遇到的问题，然后查阅相关资料，看看是否有过这方面的研究，其研究的角度与自己的有何异同，自己的研究是否有新意，对于该专业研究有何意义，从而对研究理论及现实意义提出合理的推测，对自己的研究基础有清楚的认识。在此基础上，理清思路，确定研究的步骤与方法，并在实施过程中不断充实材料，向有关专家多方征求意见，扎实地开展研究。大学生参与科技学术活动要勤于请教，在老师的指导下掌握参与科技学术活动的方法，逐步参与科技学术活动。

3. 参加社会实践活动和志愿服务活动时应该注意的问题

（1）同思想教育相结合。大学生应当根据自己的思想特点有针对性地参加社会实践活动和志愿服务活动，使自己能够通过参加活动更好地在思想政治素质方面受到教育。

（2）同专业学习相结合。一是不同专业、不同年级的学生应根据自己的专业特点和专业水平，精心安排社会实践活动和志愿服务活动的内容。二是尽可能地把社会实践活动和志愿服务活动同专业实习结合起来，根据专业实习的需要适当地安排活动内容。

（3）坚持"双方受益"。双方受益，是指参与社会实践活动和志愿服务活动不仅要使自己受益，也要尽可能使活动承办单位受益。因此，在参与社会实践时，除了着重考虑对学生进行思想教育和专业教育的要求外，还应考虑地方和活动承办单位的需要，把对学生进行思想教育和专业教育的需求同地方和活动承办单位的需要结合起来。

（4）坚持理论与实践结合。大学生从小学到大学，接触的大部分是书本知识，缺乏实践经验。因此，大学生在参与社会实践活动和志愿服务活动的过程中必须自觉坚持理论与实践相结合的原则，在理论与实践相结合的过程中，获得较为全面的知识，总结经验。

（5）注重培养创新精神与实践能力，提高综合素质。社会实践活动和志愿服务活动是高等教育的一个重要环节，是培养大学生创新精神与实践能力的重要途径和手段。大学生在参与活动的过程中，应把培养创新精神和实践能力作为重要目的，善于发现问题，并创造性地解决生产、生活过程中存在的各种问题。同时，大学生在参与活动的过程中还应自觉检验自身的政治素质、思想品德素质、知识结构、技能素质及身心素质，注意培养辩证思维能力、语言表达能力、社会活动能力、创业意识和创业能力，努力把自己锻炼成为德、智、体、美、劳全面发展的社会主义事业建设者和接班人。

第三节　情感生活

亲情是一种没有条件、不求回报的阳光沐浴；友情是一种浩荡宏大、可以随时安然栖息的理解堤岸；而爱情则是一种神秘无边，可使歌至忘情、泪至潇洒的心灵照耀。

一、亲情至上

亲情是人世间至真至纯的感情，是人类情感世界中开放的美丽玫瑰。同时，亲情又是教育的重要源泉和有力支持，是对我们每一个人而言都须臾不可少和弥足珍贵的精神财富。作为一名大学生，我们首先要有一颗对亲人的感恩之心，要有一种知恩图报的善良心肠。

（一）当代大学生亲情观的现状

亲情作为一种极为稳固的情感组带在大学生的情感生活中具有不可替代的地位。同时，亲情观作为大学生世界观、人生观、价值观的重要体现，对于大学生的认知、行为、情感体验有重要的影响。

1. 大学生亲情观现状的积极方面

（1）大部分大学生心怀感恩、重视亲情。中华民族历来重孝道，当代大学生很好地继承和发扬了中华民族的优良传统，表现出重孝道、敢负责的优点。

（2）大部分大学生注重与家人沟通，善于表达情感。"母亲节""父亲节"

已逐渐成为中国当代大学生的"感恩节",这很好地说明了大学生很善于表达情感。

（3）大部分大学生都将报答父母的养育之恩作为自己人生奋斗的目标之一。当代大学生普遍意识到现阶段报答父母的方式主要为好好学习、提高能力,以便将来找个好工作,同时竭尽全力地打工赚钱,减轻家人负担。

2. 大学生亲情观现状的消极方面

（1）亲情价值取向日趋功利化。部分大学生平时很少与家里联系,只有要钱时才联系,家长被当成了"摇钱树"。

（2）亲情交流趋向程序化。虽然绝大部分大学生在校期间会定期或不定期地与家人沟通,但这种交流仅流于表面,交心太少,沟通失效的情况日益显著。

（二）当代大学生应树立正确的亲情观

在大学校园里,大学生要明辨是非、善恶、美丑的界限,重新确立正确的荣辱观、感恩观、亲情观。

"首孝悌,次见闻",重亲情、讲孝道一直是中华民族的传统美德,而在今天的大学校园,"比富"现象、攀比之风已经影响到校园生活的各个领域。因此,树立正确的亲情观需要大学生端正认识:勤工助学、自食其力,减轻父母的负担;节俭朴素、避免奢侈铺张,让父母少流一滴汗;奋发上进、勤奋学习,让父母感受一丝欣慰;知冷懂暖、身体强壮,让父母少操一份心;善解人意、与人和睦,给父母带来一些安宁;"艰难困苦,玉汝于成",给父母最好的回报。

二、友情可贵

友情虽然不像亲情那样是基于血缘的,但真正的朋友间往往心意相通。友情是人们在交往中基于互相理解、互相信任建立起来的亲密情谊。正是因为有了这份感情,人在世间才不会孤单,才会拥有快乐。

（一）当代大学生交友现状与形式

当代大学生对人际关系的丰富和美好有着强烈而迫切的要求,但同时,不少大学生不会正确处理人际关系,造成人际关系失调。大学生交友主要有共同爱好型、互相理解型和理想一致型等形式。共同爱好型是大学生交友的一种最普遍的形式,它建立在共同的兴趣和爱好的基础上。互相理解型是大学生交友的另一种形式，大学生普遍渴求理解与追求友谊，而由相互理解带来的心灵沟通则成为当代大学生最大的精神享受。理想一致型即在理想一致的基础上产生和结成的友谊，这种友谊建立在共同为他人、为集体、为社会的辛勤劳动中，以及不断互相切磋、互相促进、共同提高、共同前进。

（二）当代大学生正确的友情取向

对于当代大学生来说，在人际交往中要获得真挚的友谊，必须遵循交友之道和为友之道。

1. 交友须择友

我们通常所说的益友主要有以下 3 类：同行型，主要是指那些能静静地陪在我们身边，靠近我们的心，默默地关心我们，消除我们的恐惧，鼓舞我们心灵的朋友；信任型，主要是指能接受真实的我们，原谅我们的过错，从不动摇对我们的信心，必要时会帮助我们的朋友；进谏型，主要是指那些能直言相劝，指出我们错误的朋友。对于益友，我们应珍惜。

2. 为友要真诚

信任是维系友情的纽带，双方真诚相待的友情才能永存。在交友过程中，我们只有真诚用心地交流，才能使对方信任我们，才能为建立真诚的友谊打下坚实的基础。

3. 正确对待异性友谊

异性友谊是男女之间的纯真友情。同学们尤其要注意异性友谊与爱情的区别，它们在性质、范围上都有显著的差异。因此，大学生在交往中要掌握好发展异性友谊的尺度，以一种正确的态度来面对。

三、爱情美好

友情可以使人充实，爱情可以使人幸福。对于大学生来说，该如何理解爱情、树立正确的爱情观呢？

（一）爱情概述

1. 爱情的定义

爱情是个体与个体（多数指人）之间强烈的依恋、亲近、向往，以及无私并且无所不尽其心的情感。爱情是人性的组成部分，狭义上是指情侣之间的感情，广义上还包括朋友之间和亲人之间的爱情（爱的感情）。爱情最重要的表现是一个人对爱人无所不尽其心。

爱情是人类所拥有的一种情感，追求美好的爱情生活是人们精神层面上的一种需要。它是情侣之间彼此向往、相互依恋和融合的一种特殊感情。爱情又是一种特殊的人际关系，要保持这种良好的人际关系就必须依靠双方共同的努力。

2. 爱的本质

爱情不是自私的。爱情仅仅是爱的一种独特表现形式。爱是人类独有的一种情感。爱情的本质是人类特殊情感的反应与控制，它的最高表现形式是无私和奉献。如果我们能够成为爱情的主人，我们能够控制情感状态，我们的爱情生活就会充满愉悦与幸福；相反，如果我们变成了爱情的奴隶，我们的情绪完全被他人掌握与控制，那么我们的爱情生活就充满着不安、恐惧和痛苦。爱情是一把双刃剑，它可以给我们带来快乐和幸福；同样，它也可能给我们带来痛苦和悲伤。因此，用什么样的心态和期望去对待爱情，以及采用什么方法去获得真正的爱情是至关重要的。

3. 爱情的元素

爱情的元素很多，但主要有认知和激情两种。爱情有别于友情是由于它具备一种认知元素，即承诺，也就是一方必须向对方给出关于两人关系的肯定或否定的态度。这往往是我们在冷静地思考、分析和判断后做出的决定，这一决定的准确性和正确性往往与排除情感色彩的程度有关系。如果我们一时冲动、头脑发热或感情用事，往往会给双方的生活带来麻烦并埋下隐患。爱情是生活的重要内容但不是唯一内容，我们需要有激情的生活篇章，也需要有平淡踏实的生活篇章。

（二）如何处理恋爱中的各种关系

恋爱是大学生活中非常重要的部分，也是大学生美好回忆的一部分。但是大学生在谈恋爱的过程中，容易因涉世不深而面对各种各样的问题。因此，大学生在谈恋爱时要坚守原则，做到自尊、自爱和自重，还要站在对方的立场上考虑问题，尊重对方。

1. 正确面对爱情相关的各方面问题

第一，学习一些与恋爱有关的知识，包括男女生理、心理等方面的知识；应根据恋爱不同阶段的要求，采用适当的方式进行交流和交往，把握好尺度。第二，及时交流思想和情感，包括对某些问题的困惑，以期得到沟通，使问题得到解决，绝对不能回避和附和。特别是当一方出现因恋爱而影响学习，如分神、学习注意力不集中等问题时，另一方应主动关心对方，同时也可以施以一定的压力，使对方将主要精力用于学习。第三，当出现明显的问题或突出矛盾而不能解决时，应及时请教好朋友、辅导员和其他可以信任的人，给予帮助、解决。

2. 正确处理爱情与友情的关系

正确处理爱情与友情的关系对于成长中的大学生来说十分重要。这有两条原则应遵循。一是兼顾原则，大学生不能因追求爱情而抛弃友情，同时也不应为了获得友情而抛弃爱情。在经营爱情的同时，大学生不要忘了朋友、疏远朋友，而使友情变淡甚至消失。二是区别原则，友情可以变为爱情，朋友可以成为爱人，但绝不能将友情视为爱情，将二者混为一谈。

（三）如何正确处理失恋

失恋是人们在情感生活中普遍会遇到的一种感情挫折。因此，每一个人都应该正确对待失恋，特别要消除认为失恋是一件十分没有面子的事的观念，不要认为失恋是自己没有能力的表现。失恋并不可怕，可怕的是失恋后的不理性行为，因失恋而丧失了追求爱情的信心和能力。我们应该积极面对现实，学会在失败中总结，在生活中积累，在追求中升华，"失恋不失态、失恋不失志、失恋不失德"，只有这样我们才能收获那份属于自己的爱情，从而使自己的情感生活更加充实和美好。

第十讲

特别关注：安全与防范

　　安全是人类永恒的追求，没有安全就没有一切。安全，犹如一艘扬帆的船，航行在人生的海洋上；好似一粒平安的种子，孕育着幸福的生命。然而，人身财产、经济、食品、交通等方面的安全事故仍不断发生，这影响着我们的学习和生活，甚至威胁着我们的生命。有人说："安全不是全部，但失去了安全，就是失去了全部。"因此我们要牢固树立起"安全为天"的思想，努力学习安全知识，增强法治观念，提高安全意识，掌握防范技能，从身边做起，从小事做起，让安全成为我们幸福生活的保障。

第一节　国家安全及维护

一、维护国家安全与社会稳定

国家安全是民族复兴的根基，社会稳定是国家强盛的前提。党的二十大首次将"推进国家安全体系和能力现代化，坚决维护国家安全和社会稳定"以专章形式写入大会报告，强调"国家安全是民族复兴的根基，社会稳定是国家强盛的前提。必须坚定不移贯彻总体国家安全观，把维护国家安全贯穿党和国家工作各方面全过程，确保国家安全和社会稳定。"

（一）正确认识国家安全和社会稳定

国家安全，是指一个国家处于没有危险的客观状态，也是指国家既没有外部的威胁和侵害，又没有内部的混乱和疾患的客观状态。所谓外部的威胁与侵害，大致可分为外部自然界的威胁和侵害及外部社会的威胁和侵害两大类。外部社会的威胁和侵害包括其他国家的威胁和侵害；非国家的其他外部社会组织和个人的威胁和侵害，如某些国际组织或地区组织对某国的威胁和侵害；国内力量在外部所形成的威胁和侵害，如国内反叛组织在国外从事的威胁和侵害本国的活动。

社会稳定是一个在日常生活中使用频率非常高的熟语。社会稳定有广义和狭义之分。广义的社会稳定，是指没有大规模的社会冲突，社会的主流秩序仍在运行的社会状态。这也是作为熟语的社会稳定的含义。狭义的社会稳定，是指社会具有较强的自我调节能力，使各子系统之间能够保持动态平衡的一种状态。社会通过自我调节而达到各子系统之间的动态平衡状态，是真性社会稳定；某些社会集团通过强制高压而达到的社会稳定状态，是假性社会稳定。社会稳定的实质是一种社会自我调节的能力，结果是社会各子系统之间的动态平衡，目的是社会的稳步、健康发展，归宿是人民的安居乐业，社会稳定具有综合性、历史性、动态性和地域性的特征。

（二）大学生如何维护国家安全和社会稳定

作为当代大学生，我们必须提高自身素质，把维护国家安全和社会稳定的思想贯穿到平时的学习、生活中去，成为国家安全和社会稳定的自觉维护者。具体而言，我们要做到以下几方面。

1. 树立国家利益高于一切的观念

国家安全和社会稳定是国家、民族生存与发展的首要保障，所以，把国家安全和社会稳定放在高于一切的地位，是国家利益的需要，又是个人安全的需要，也是世界各国的一致要求。

2. 熟悉有关国家安全的法律、法规

改革开放以来，我国先后制定了大批有关国家安全的法律、法规，初步形成了较为完整的有关国家安全的法律体系，为依法开展国家安全工作，防范、制止和惩治危害国家安全的违法犯罪行为提供了有力的法律武器。大学生应努力学习、掌握维护国家安全的有关法律、法规，明确什么是危害国家安全的行为，公民和组织维护国家安全的义务和权利，危害国家安全的法律责任，等等，进一步增强法律意识和国家安全意识，增强维护国家安全的责任感、义务感和荣誉感。

3. 理性爱国

作为当代大学生，我们都深爱祖国，都有爱国热情和民族自豪感。大学生可以从以下几方面做到理性爱国。第一，理解、相信和支持党和政府的战略部署。我们不能以非理性"爱国"言行，扰乱党和政府的战略部署，而是要先学习和领会这种战略部署，做落实这种战略部署的先进分子，并自发地向广大的人民群众宣传、解释党和政府的这种战略部署。第二，合理、合法地表达爱国感情。大学生既要有爱国的远大目标，并把自身的爱国热情转化到维护社会稳定、努力学习上来；又要在爱国的过程中，选择合理、合法的方式表达自己的爱国热情。大学生要有爱国热情而不情绪失控，有爱国之心而合理、合法地表达，这样才能体现新时期素质高、水平高、层次高的新一代爱国大学生的风采、风貌。

二、保守国家秘密

作为当代大学生，我们一定要做国家利益的保卫者，从维护国家安全的高度，履行好保守国家秘密的责任和义务。首先，我们要正确理解国家秘密；其次，我

们要知道如何保守国家秘密。

（一）正确理解国家秘密

国家秘密，是指关系国家的安全和利益，依照法定程序确定，在一定时间内只限一定范围内的人员知情的事项。保守国家秘密是中国公民的基本义务。国家秘密的密级分为"绝密""机密""秘密"。泄露国家秘密会使国家的安全和利益遭受损害，密级越高，损失越大。国家秘密的密级一经确定，就要在秘密载体上添加明显的标志。

国家秘密包括国家事务的重大决策事项、国防建设和武装力量活动中的秘密事项、外交或外交活动中的秘密事项，以及对外承担保密义务的事项、国民经济和社会发展中的秘密事项、科学技术中的秘密事项、维护国家安全活动和追查刑事犯罪中的秘密事项、经国家保密行政管理部门确定的其他秘密事项。

（二）大学生如何保守国家秘密

《中华人民共和国保守国家秘密法》规定，"一切国家机关、武装力量、政党、社会团体、企业事业单位和公民都有保守国家秘密的义务。"大学生要从思想上高度重视，在行动中小心谨慎，坚决避免泄密事件发生。具体包括以下几点。

（1）认真学习《中华人民共和国保守国家秘密法》及相关的法律法规，严格按照法律法规、规章制度使用、管理和交换保密文件、资料，养成保密习惯。

（2）不泄密。不把自己掌握的国家秘密对不应该知道的人员透漏，不擅自扩大知密范围，不在公共场所谈论国家秘密，不在私人通信中涉及国家秘密。

（3）不失密。对自己掌握、保管的秘密文件、资料，严格依照保密规定进行管理，自觉做到不携带保密文件、资料出入公共场所，绝对不使它丢失。

（4）在对外交往中坚持内外有别。在对外接触交往过程中，凡涉及国家秘密的内容，完全按保密制度要求和上级确定的对外口径回答，不随便涉及内部的人事组织、科技成果及经济建设中未公开的数据资料等。

（5）与境外人员接触时不携带秘密文件、资料和记载有秘密事项的记录本，对方索要资料、样品或询问内部秘密时，要区别情况，灵活予以拒绝。

（6）不经主管部门批准，不带境外人员参观或进入非开放区，不准境外人员利用学术交流、讲课的机会进行系统的社会调查。不经有关部门批准，不得填写境外人员提供的各种调查表，或替他们写社会调查方面的文章。

（7）在国际学术会议或国外刊物上发表文章，要按规定办理审查手续。不得为境外人员提供或代购内部读物和资料。

（8）拾获属于国家秘密的文件、资料和其他物品，应当及时送交有关机关、单位或保密行政管理部门。

（9）发现有人买卖属于国家秘密的文件、资料和其他物品，应当及时报告保密行政管理部门或者公安、国家安全机关处理。

（10）发现泄露或可能泄露国家秘密的线索，应当及时向有关机关、单位或保密行政管理部门举报。

（11）发现有人盗窃、抢夺属于国家秘密的文件、资料和其他物品，有权制止，并应当立即报告保密行政管理部门或者公安、国家安全机关。

保密是公民的义务，也是大学生的社会责任。每个大学生都应该自觉遵守相关法律法规，自觉履行保密义务，坚决同泄密和窃密行为做斗争。

三、坚定信仰、反对邪教

坚定信仰，就是要认真学习马克思主义，把马克思主义的精髓学懂、悟透、用好；就是要认真学习马克思主义中国化的理论成果，指导我们的实践；就是要认真学习习近平新时代中国特色社会主义思想，不断把新时代中国特色社会主义推向新的胜利。青年是祖国的未来，应当时刻与党中央保持一致，在对待邪教问题上应当态度坚决，坚定科学信仰，坚决反对邪教。

（一）正确认识宗教与邪教

1. 宗教与我国的宗教政策

宗教是人类社会发展到一定历史阶段出现的一种文化现象，属于社会意识形态。其主要特点为，相信现实世界之外存在着超自然的神秘力量或实体，该神秘力量因统摄万物而拥有绝对权威，主宰自然进化，决定人世命运，从而使人对该神秘力量产生敬畏及崇拜，引申出信仰认知及仪式活动。

我国是个多宗教的国家。在漫长的历史发展过程中，我国各宗教文化已成为我国传统思想文化的一部分。我国的宗教徒有爱国爱教的传统。我国政府支持和鼓励宗教界团结信教群众积极参加国家的建设。各宗教都倡导服务社会、造福人类。在中国，各宗教地位平等、和谐共处，我国政府制定和实施了宗教信仰自由的政策，建立起了符合国情的政教关系。

我国公民的宗教信仰自由权利受到法律的保护。《中华人民共和国宪法》第三十六条规定："中华人民共和国公民有宗教信仰自由。任何国家机关、社会团体和个人不得强制公民信仰宗教或者不信仰宗教，不得歧视信仰宗教的公民和不信仰宗教的公民。国家保护正常的宗教活动。任何人不得利用宗教进行破坏社会秩序、损害公民身体健康、妨碍国家教育制度的活动。宗教团体和宗教事务不受外国势力的支配。"

学校坚持教育与宗教相分离的原则。任何组织和个人不得在学校进行宗教活动。

2. 邪教

邪教组织，是指冒用宗教、气功或者其他名义建立，神化首要分子，利用制造、散布迷信邪说等手段蛊惑、蒙骗他人，发展控制成员，危害社会的非法组织。

邪教的严重危害包括以下几方面。① 煽动成员反对政府，危害基层政权。邪教头子煽动成员发泄对现实的不满，反对政府。② 从事违法犯罪活动，危害社会。邪教组织往往使用非法手段扩充组织、控制成员，还诈骗群众的钱财，宣扬歪理邪说。③ 破坏正常的生产生活，危害群众健康。④ 侵蚀和毒害未成年人。邪教组织利用未成年人识别判断能力较低的弱点，极力在未成年人中发展成员，给他们的身心健康和成长造成难以挽回的损害。

3. 宗教与邪教的本质区别

一些邪教由于或多或少吸取了一种或几种宗教的某些成分，在教义、仪式等方面与宗教有着一些相似之处，常常打着宗教的旗号发展组织、欺骗群众。但是，邪教不是宗教，两者有着本质的区别。

（二）大学生应自觉抵制和反对邪教

（1）大学生应当参加合法的社会组织，参与健康向上、有益身心的社会活动。大学生不能参加邪教组织，要经常保持政治警惕性，凡事多问几个为什么，防止上当受骗或做与法律相悖之事。

（2）警惕境内外反动宗教组织对我国的宗教渗透。对于披着宗教外衣的人进行的违法犯罪的反革命破坏活动，需要引起我们的高度警觉，切不可因为一时的好奇陷入反动宗教组织编织的陷阱。

（3）如果接到了散发或邮寄的宗教宣传品或参加宗教组织的活动的邀请信，

切不可轻易参加或将宗教宣传品在同学、朋友中散发，而应主动报告学校保卫部门或党组织，并配合学校进行工作。另外，我国原则上不允许教徒在家里聚会举行宗教活动，如果有人邀请参加家庭宗教聚会，应该婉言谢绝。

第二节　突发公共事件及其应对

突发公共事件，是指突然发生，造成或者可能造成重大人员伤亡、财产损失、生态环境破坏和严重社会危害，危及公共安全的紧急事件。在我国，根据突发公共事件的发生过程、性质和机制，将突发公共事件分为自然灾害、事故灾难、公共卫生事件和社会安全事件4类。

一、常见自然灾害及避险常识

自然灾害，是指洪水、地震、台风等自然现象给人类造成的灾害。以目前的科学技术水平和能力，人们还无法阻止很多自然灾害的发生，也无法完全抵御自然灾害的破坏，但是完全可以根据自然灾害发生的规律和特点采取积极有效的措施，尽量减少损失。大学生容易遇到的自然灾害主要有以下几类。

（一）地质灾害

地质灾害，是指在自然或者人为因素的作用下形成的，对人类生命财产、环境造成破坏和损害的地质作用（现象），如崩塌、滑坡、泥石流、地裂缝、水土流失、土地沙漠化及沼泽化、土壤盐碱化，以及地震、火山、地热害等。我们容易遇到的自然灾害主要是地震、滑坡及泥石流。

1．地震及其应对措施

地震体现为地球表层的快速震动，是一种经常发生的灾害性自然现象，在海底或滨海地区发生的强烈地震能引起巨大的波浪，称为海啸。

地震的发生是极其频繁的，全球每年发生地震约500万次，只是绝大多数地震震级很小，人们不易察觉。一旦发生强烈地震，就会导致房屋倒塌、堤坝决口、火车脱轨、道路陷裂，以及水火、电气灾害和人员伤亡。大型地震给人类带来的损失和伤害是巨大的，唐山大地震、"5.12"汶川大地震、玉树地震的伤痛至今留在人们心里。

我们遇到地震时要保持镇静、沉着应对，具体可以参考以下几点。

（1）不能拥挤乱跑，震后应有序撤离。关注政府发布的最新消息，不听信和传播谣言。已经脱险的人员震后不要急于回屋，以防余震发生。

（2）震动不明显时，不必外逃。遭遇较强烈的地震时，是逃还是躲要快速抉择。如果余震频繁，一定要以徒步的方式前往避难场所，千万不可开车。

（3）地震容易引发火灾，若发现任何灾害，要紧急求援，并量力而为地帮助救援。千万不可因在旁观看热闹而妨碍了救援活动。

（4）发生地震时若在室内，应顺手将门窗打开，以免门窗因地震变形而无法逃生。应紧急关闭所有的火源、电源和天然气等。

（5）如果房屋倒塌，应待在床下或桌下，千万不要移动，要等到地震停止再逃出室外。如果住在高楼，发生地震时不要试图跑出楼外，因为时间不允许。最有效的办法是及时躲到两堵承重墙之间跨度最小的房间，如厕所、厨房等，也可躲避在桌、柜等家具正面及房间内侧的墙角，注意保护头部。记住不要到窗下和阳台上躲避，不要使用电梯，不要随便跳楼。

（6）如果上课时发生了地震，不要慌乱，更不能在室内乱跑。靠近门的同学可以跑到门外；教室中间的同学可及时躲到课桌下，用书包护住头部；靠墙根的同学用双手护头。等地震间隙，在老师的统一指挥下有秩序地疏散到室外。

（7）如果在公共场所遭遇地震，不能惊慌乱跑，可以就近躲到比较安全的地方，如桌柜下、舞台下，尽量避开高大建筑物、立交桥，远离高压电线及化学、煤气等工厂或设施。如果在街上遭遇地震，绝对不能跑进建筑物中避险，也不要在狭窄的胡同、高楼下、悬壁、桥头等危险地段停留。

（8）如果正在野外活动，应尽量避开山脚、陡崖，以防滚石和滑坡。如遇山崩，要朝远离滚石前进方向的两侧跑。如果正在海边游玩，应迅速远离海边，以防地震引起海啸。

（9）地震后被埋在废墟中时，要鼓起求生的勇气，消除恐惧心理。能自我离开险境的，应设法尽快脱离险境。不能自我脱险时，先设法将手脚挣脱出来，清除压在身上的物体，特别是腹部以上的物体，等待救援；同时用毛巾、衣服捂住口鼻，防止烟尘导致窒息，保持呼吸通畅；注意保存体力，不要大声呼救，除非听到外面有人，可用石块敲击物体引起他人注意；设法用砖石等支撑上方不稳的重物，保护自己的生存空间；在可以活动的空间里设法寻找食品和水，创造生存条件。

（10）震后要注意防疫工作，注意饮食、饮水卫生。

2. 滑坡等地质灾害及其应对措施

滑坡，是指斜坡上的岩体由于某种原因在重力的作用下沿着一定的软弱面或软弱带整体向下滑动的现象。泥石流是山区特有的一种自然现象。它是由于降水而形成的一种带大量泥沙、石块等固体物质的特殊洪流。

滑坡裂缝是滑坡形成过程中一种重要的伴生现象，不要认为山坡出现裂缝为正常现象而不在乎。当山坡裂缝出现时，表明该山坡已处于不稳定状态了。滑坡到来前还有许多前兆，我们应正确辨别。当斜坡局部沉陷，而且该沉陷与地下存在的洞室及地面较厚的人工填土无关时，就有可能发生滑坡。此外，预示将有可能发生滑坡的现象还有山坡上的建筑物变形，而且变形构筑物在空间展布上具有一定的规律；泉水、井水水质混浊，原本干燥的地方突然渗水或出现泉水蓄水池大量漏水现象；地下发生异常响声，同时家禽、家畜有异常反应。

我们要注意防范遭遇滑坡和泥石流，尽量避免到滑坡和泥石流地段活动，以保障人身安全。滑坡和泥石流的应对措施分为主动和被动两种情况，即主动的躲避与被动的撤离。对于处于危险区的工程及人员，所采用的方法是预防、躲避、撤离、治理，这4个环节每一个都含有很大的防灾减灾的机会。滑坡灾害的应急防治措施：视险情将人员物资及时撤离危险区；及时制止致灾的动力作用；事先有预兆者，应尽早制订好撤离计划。躲避泥石流不应顺沟向下游跑，应向沟岸两侧跑，但不要停留在凹坡处。

（二）气象灾害

常见的气象灾害主要有台风、暴雨（雪）、寒潮、大风（沙尘暴）、低温、高温、干旱、雷电、冰雹、霜冻、龙卷风和大雾等。

1. 雷电

雷电是常见的自然现象，它实质上是天空中雷暴云中的火花放电现象，放电时产生的光是闪电，闪电使空气受热迅速膨胀而发出的巨大声响是雷声。伴有雷声和闪电现象的天气，气象上称为雷暴。据研究，雷击的电流通常可达几万安培，温度可达两万摄氏度，如此强大的电流和高温，其危害程度可想而知。如果击中人员、建筑物或设备，常会造成人员伤亡和经济损失。

要避免雷击，应当做到以下几点。

（1）在雷雨天应尽量留在室内，不要外出，不要停留在高楼平台上。要关闭门窗，防止球形闪电穿堂入室。最好拔下电源插头、网络插头、有线电视插头，并远离可能导电的物体，比如管道、金属门框、电力设备等，特别要远离窗户，不要打电话，也不要赤脚站在泥地或水泥地上，脚下最好垫有不导电的物品。雷雨天尽量少洗澡，尤其不能用太阳能热水器洗澡。

（2）在户外遇雷雨时，要及时躲避，不要在空旷的野外或高大金属物前停留，应尽快找一低洼地或沟渠蹲下，双脚并拢，双臂抱膝，头部下俯，尽量降低身体的高度。不要与他人挤靠在一起，以防被雷击中后电流互相传导。不要在孤立的大树、高塔、电线杆下避雨，如万不得已则需与这些物体保持 3 米以上的距离，下蹲并双腿靠拢。如果手中有导电的物体（如铁锹、金属杆雨伞），要迅速抛到远处，千万不能拿着这些物体在旷野中奔跑。如果在户外看到高压线遭雷击断裂，要警惕高压线断点附近存在跨步电压，因此在其附近不要跑动，应并拢双脚尽快离开现场。

（3）在雷雨天不宜进行户外运动，尤其不要进行游泳、划船、钓鱼等水上活动，以防雷电通过水击中人体。

（4）一旦遇见有人遭到雷击，应及时进行抢救，做人工呼吸和体外心脏按压等，同时及时将其送往医院。

2. 其他气象灾害

大学生容易遭遇的气象灾害还包括台风、龙卷风、高温、冰雹及沙土暴等。其他气象灾害及其避险措施具体见表 10-1。

表 10-1　其他气象灾害及其避险措施

气象灾害	避险措施
台风	①切断电源； ②尽量避免使用电话； ③未收到台风离开的报告前，即使台风短暂平息，仍须保持警惕； ④如果无法撤离至安全场所，可就近选择在空间较小的室内（如壁橱、厕所等）躲避，或者躲在桌子等坚固物体下； ⑤在高层的人员应撤至低层

续表

气象灾害	避险措施
龙卷风	①切断电源； ②远离门、窗和房屋的外围墙壁，躲到与龙卷风前进方向相反的墙壁下或小房间内抱头蹲下，尽量避免使用电话； ③用床垫或毯子罩在身上以免被砸伤； ④最安全的躲藏地点是地下室或半地下室； ⑤远离大树、电线杆或简易房屋等； ⑥朝与龙卷风前进路线垂直的方向快跑； ⑦来不及逃离的，要迅速找到低洼地趴下，脸朝下，闭嘴、闭眼，用双手、双臂保护住头部
冰雹	①关好门窗； ②妥善安置易受冰雹影响的室外物品； ③暂停户外活动，勿随意出行
沙尘暴	①注意收听天气预报； ②出门戴口罩、纱巾等； ③关好门窗，确保屋外搭建物紧固； ④尽量减少外出，暂停户外活动，尽可能停留在安全的地方
高温	①尽量留在室内，并避免阳光直射，必须外出时要打遮阳伞，穿浅色衣服、戴宽檐帽； ②暂停户外或室内大型集会； ③室内空调温度不要过低，空调无法使用时应选择其他降温方法，比如向地面洒些水等； ④浑身大汗时不宜立即用冷水洗澡，应先擦干汗水，稍事休息再用温水洗澡； ⑤注意作息，保证睡眠，暂停大量消耗体力的工作； ⑥多饮凉白开水、盐水等，不要过度饮用冷饮或含无水乙醇饮料

二、常见事故灾难及其应对

事故灾难是具有灾难性后果的事故，是在人们生产、生活过程中发生的，直接由人的生产、生活活动引发的，违反人们意志，迫使活动暂时或永久停止，并且造成大量的人员伤亡、经济损失或环境污染的意外事件。事故灾难主要包括失火、交通事故、电气事故、煤气中毒、危化品事故、核事故、爆炸等。

（一）煤气中毒

煤气中毒，是指在密闭的居室使用煤炉取暖、做饭，使用燃气热水器长时间洗澡而又通风不畅等，造成过量吸入煤气而中毒的事故。

煤气中毒的主要症状有头晕、恶心、呕吐、心慌，皮肤苍白、意识模糊，严重者会神志不清、牙关紧闭、全身抽搐、大小便失禁，嘴唇、皮肤、指甲呈樱桃红色，呼吸困难、昏迷、肢体瘫痪、癫痫发作等。我们临睡前一定要关闭煤气阀门；平时严格检查煤气管道、阀门是否漏气，严格遵守使用规则；烧煤厨房应有风斗，充分通风换气。应急要点如下。

（1）闻到浓烈的煤气、天然气异味，千万不能开关电器，不能打电话。

（2）立即打开门窗通风，关掉煤气、天然气阀门。

（3）用湿毛巾掩住口鼻，尽快脱离中毒现场，到空气新鲜、通风良好的地方。

（4）中毒者应安静休息、避免活动，以免加重心、肺的负担，增加氧的消耗量。

（5）对于呼吸、心跳停止的中毒者，立即进行人工呼吸和心脏按压，并拨打120呼救。

（二）危化品事故

危化品事故，是指因危险化学品，如苯、液化气、汽油、甲醛、氨水、二氧化硫、硫化氢、农药、液氯等造成伤害的事故。一般，危险化学品具有爆炸性、易燃性、毒性、腐蚀性等。危化品事故会使人眼睛刺痛、流泪不止、头晕恶心、胸闷和呼吸困难等，甚至有可能使人窒息死亡。因此，我们做实验时要做好皮肤防护和眼睛防护。应急要点如下。

（1）确认发生危化品事故，立即用湿手帕、毛巾等捂住口、鼻，最好能及时戴上防毒面罩。

（2）沿上风方向迅速撤离。

（3）发现有人中毒，要将其转移到空气新鲜的地方，脱去被污染的衣服，迅速用大量清水和肥皂水清洗被污染的皮肤，同时注意保暖；眼部受污染者，用清水至少持续清洗10分钟；对于因中毒晕倒者，取出其口、鼻呼吸道异物，保持呼吸通畅，若呼吸停止，做人工呼吸和心脏按压，严重者速送医院抢救。（注：抢救硫化氢中毒导致呼吸停止的伤员时，忌用口对口人工呼吸。）

（4）发现被遗弃的化学品，不要捡拾，应立即报警，说明具体位置、包装标志、大致数量及是否有气味等情况。

三、常见公共卫生事件及其应对

公共卫生事件，是指突然发生，造成或者可能造成社会公众健康严重损害的重大传染病疫情、群体性不明原因疾病、重大食物中毒及其他严重影响公众健康的事件。

（一）食物中毒

食物中毒，是指食用被细菌性或化学性毒物污染的食物，或误食本身有毒的食物，引起急性中毒性疾病。食物中毒分为细菌性食物中毒、真菌毒素中毒、动物性食物中毒、植物性食物中毒、化学性食物中毒。

食物中毒的主要症状有剧烈呕吐、腹泻，中上腹部疼痛等。食物中毒者常会因上吐下泻而出现脱水症状，如口干、眼窝下陷、皮肤弹性消失、肢体冰凉、脉搏细弱、血压降低等，甚至出现休克。为避免食物中毒，我们不能食用病死的禽畜肉，不吃变质、腐烂、过期食品；不要采摘、捡拾、购买、加工和食用来历不明的食物、死因不明的畜禽或水产品及不认识的野生菌类、野菜和野果；食物必须煮熟、煮透，隔夜的食品在食用前必须加热煮透；不要饮用未经煮沸的生活饮用水。

应急要点如下。

（1）立即停止食用可疑食品，用筷子或手指向喉咙深处刺激咽后壁、舌根进行催吐，并及时就医。用塑料袋留好呕吐物或大便，带去医院检查，以利于医生诊断。

（2）病人出现抽搐、痉挛症状时，马上将病人移至周围没有危险物品的地方，并取来筷子，用手帕缠好塞入病人口中，以防止其咬破舌头。

（3）病人症状无缓解迹象，甚至因失水明显、四肢寒冷、腹痛腹泻加重、面色苍白、大汗、意识模糊、说胡话或抽搐导致休克时，应立即将其送往医院救治。

（4）了解与病人一同进餐的人有无异常，并告知医生。

（5）及时向当地疾病预防控制机构或卫生监督机构报告。

（二）呼吸道传染病

呼吸道传染病，是指病原体从人体的鼻腔、咽喉、气管和支气管等呼吸道感染侵入而引起的有传染性的疾病，常见有流行性感冒、麻疹、水痘、风疹、流脑、流行性腮腺炎、肺结核等。一般而言，不同的呼吸道传染病有不同的临床表现，具体包括以下几点。

（1）流感：一般表现为发病急，有发热、乏力、头痛及全身酸痛等明显症状。

（2）麻疹：症状有发热、咳嗽、流涕、眼结膜充血，口腔黏膜有麻疹黏膜斑及皮肤出现斑丘疹。

（3）水痘：全身症状轻微，皮肤黏膜分批出现迅速发展的斑疹、丘疹、疱疹与痂皮。

（4）风疹：临床特点为低热、皮疹和耳后、枕部淋巴结肿大，全身症状轻。

（5）流脑：主要表现为突发高热、剧烈头痛、频繁呕吐、皮肤黏膜瘀斑、烦躁不安，可出现颈项强直、神志障碍及抽搐等。

（6）流行性腮腺炎：以腮腺急性肿胀、疼痛并伴有发热和全身不适为主要特征。

（7）肺结核：主要表现为发热、盗汗、全身不适及咳嗽、咳痰、咯血、胸痛、呼吸困难等。

呼吸道传染病的预防措施主要包括：经常开窗通风，保持室内空气新鲜；搞好家庭环境卫生，保持室内和周围环境清洁；养成良好的卫生习惯，不要随地吐痰，勤洗手；保持良好的生活习惯，多喝水、不吸烟、不酗酒；经常锻炼身体，保持均衡饮食，注意劳逸结合，提高自身抗病能力；根据天气变化适时增减衣服，避免着凉；体弱者和慢性病患者应尽量避免到人多拥挤的公共场所；如果有发热、咳嗽等症状，应及时到医院检查治疗。当患有传染病时，应主动与健康人隔离，尽量不要去公共场所，防止传染他人；不要自行随意购买和服用某些药品，不要滥用抗生素。

四、常见社会安全事件及其应对

社会安全事件包括重大刑事案件、重特大火灾事件、恐怖袭击事件、涉外突发事件、金融安全事件、规模较大的群体性事件、民族宗教突发群体事件、学校安全事件及其他对社会有严重影响的突发性事件。

（一）爆炸

爆炸，是指由于人为、环境或管理等原因，物质发生急剧的物理、化学变化，瞬间释放出大量能量，并伴有强烈的冲击波、高温高压和地震效应等，造成财产损失、物体破坏或人身伤亡等的事故。爆炸分为物理爆炸和化学爆炸。

应急要点如下。

（1）立即卧倒，趴在地面不要动，或手抱头部迅速蹲下，或借助其他物品掩护，迅速就近找掩蔽体。

（2）爆炸引起火灾，烟雾弥漫时，要做适当防护，尽量不要吸入烟尘，防止灼伤呼吸道；尽可能将身体压低，手脚触地爬到安全处。

（3）立即打电话报警。

（4）尽力帮助伤者，将伤者送到安全地方，或帮助止血，等待救援人员到场。

（5）撤离现场时应尽量保持镇静，不乱跑，防止再度引起人群恐慌，增加伤亡。

（6）爆炸过后，非专业人员不要前往事发地区，防止发生新的伤害事故。

（二）抢劫

抢劫，是指用暴力手段夺取他人财物的违法犯罪行为。为避免遭受抢劫，我们到银行存取大额款项时应有人陪同，最好能以汇款方式代替提取大量现金；不要随手乱扔填写有误的存款、取款单；离开银行时，警惕是否有可疑人员尾随；不要随身携带贵重物品和大额现金。

应急要点如下。

（1）在人员聚集地区遭到抢劫时，应大声呼救，震慑犯罪分子，同时尽快报警。

（2）在僻静地方或无力抵抗的情况下，应放弃财物，确保人身安全，待处于安全状态时尽快报警。

（3）尽量记下歹徒的人数、体貌特征、所持凶器、所驾驶车辆的车牌号及逃跑方向等情况，并尽量留住现场证人。

（三）绑架

绑架，是指以勒索财物为目的，使用暴力、胁迫或麻醉等方法，劫持要挟人质或他人的犯罪行为。

应急要点如下。

（1）保持镇静和清醒，不要惊慌，观察环境，判断事态性质、轻重，见机行事。不要顶撞犯罪分子，防止事态激化。

（2）尽可能了解自己所处的位置，如被蒙住双眼时，可通过计数的方式，估算汽车行驶的时间和路途的远近，记住转弯的次数、大致方向等。

（3）要保护好自己，减少精神、肉体上的消耗，做好长时间周旋的准备，并坚定自己能被营救的信心。

（4）观察形势，设法传递信息或留下标记。在确保自身不会受到更大伤害的情况下，尽可能与犯罪分子巧妙周旋，如利用通话的时机，巧妙地将自己所处的位置、现状等情况告诉亲属。采取自救措施时，要选择好时机，在确保自身安全的情况下逃脱。

（5）找借口离开现场，如上厕所、喝水、避寒取暖等，若能成功逃脱，应及时报警，把所知情况告知警方，方便组织营救。

第三节　个人安全及其防范

一、生活中的安全及其防范

安全无小事，防范要先行。每个人都是自己健康安全的第一责任人，只有每个人安全，学校才能安全。我们要遵循"预防为主、安全第一"的原则，做到防患于未然。

（一）治安安全

1. 防盗窃

（1）高校盗窃案件中常见的行窃方式如下。

顺手牵羊：是指作案分子趁主人不备将放在桌上、床上、走廊、阳台等处的钱物占为己有。

乘虚而入：是指作案分子趁主人不在，房门和抽屉未锁之机入室行窃。

窗外钓鱼：是指作案人用竹竿等工具在窗外将被害人的衣服钓走。

翻窗入室：是指作案人翻越没有牢固防范设施的窗户等入室行窃。

撬门扭锁：是指作案分子使用各种工具撬开门锁而入室行窃。

偷配钥匙：是指作案分子偷配主人随手乱丢的钥匙，趁主人不在宿舍时打开其锁，从而盗走现金和贵重物品等。

（2）防盗的基本方法。

离开宿舍时一定要养成随手关灯、关门、关窗的习惯，以防不法分子乘虚而入。

在公共场所（教室、图书馆、运动场、食堂等），物品要随身携带或不能离开自己的视线，以防不法分子顺手牵羊。

不要随意留宿外来人员。大学生应该文明礼貌、热情好客，但不能只讲义气、讲感情而不讲原则、不讲纪律。如果违反学校学生宿舍管理规定，随便留宿不知底细的人，就有可能引狼入室。

发现形迹可疑的人应加强警惕、多加注意。发现可疑人员时应主动上前询问，如果来人无正当理由又不能说清楚，可通知管理员或学校保卫部门尽快来人做调查处理。

注意保管好自己宿舍的钥匙，不随便借给他人或乱丢乱放，如钥匙丢失，应及时更换新锁。

（3）发生盗窃案件的应对方法。

一旦发生盗窃案件，大学生一定要冷静应对，及时报告学校保卫部门，同时封锁和保护现场，不允许任何人进入；不得翻动现场的物品，否则不利于公安人员准确分析、正确判断侦查范围和收集罪证。

大学生有义务配合调查，应实事求是地客观回答公安人员和保卫人员提出的问题，积极主动地提供线索，不得隐瞒情况不报。

2. 防诈骗

诈骗，是指以非法占有为目的、用虚构事实或隐瞒真相等方法骗取款额较大的公私财物的行为。由于它一般不涉及暴力，而是在一派平静甚至"愉快"的气氛下进行的，加上部分大学生思想单纯、对人热情，因此这些大学生往往容易上当受骗。

（1）校内诈骗的主要手段。

假冒身份，流窜作案。诈骗分子往往利用假名片、假身份证与人进行交往，有的还利用捡到的身份证等在银行设立账户提取骗款。诈骗分子为了既能骗得财物，又不露出马脚，通常采用游击方式流窜作案，财物到手后即逃离。

以次充好，恶意行骗。一些诈骗分子利用学生经验少又苛求物美价廉的特点，上门推销各种产品而使学生上当受骗。更有一些到办公室、学生宿舍推销产品的人，一旦发现室内无人，就会顺手牵羊。

以招聘为名设置骗局。为了减轻家庭负担，勤工俭学已成为大学生谋生求学的重要手段。诈骗分子往往利用这一机会，以招聘的名义针对大学生设置骗局，骗取介绍费、押金、报名费等。

骗取信任，寻机作案。诈骗分子常利用一切机会与大学生套近乎，或故作热情，或表现得十分友善，在骗取信任后便寻机作案。

网络诈骗。目前网上购物比较流行，诈骗分子利用网络，以超低价格吸引大学生注意，进而实施诈骗。

以借贷为名进行诈骗。有的诈骗分子利用大学生贪图便宜的心理，以高利集资为诱饵，使部分大学生上当受骗。

投其所好，引诱上钩。一些诈骗分子往往利用大学生急于就业和出国等心理，投其所好、应其所急施展诡计，从而骗取财物。

（2）常见的电信诈骗类型。

刷单诈骗。犯罪分子许诺在各种网络平台刷得消费记录后，将返还本金并支付佣金。受害人在完成前几单任务后都会很快收到回报，而当完成更多的任务时，犯罪分子就会切断与受害人的联系，从而实施诈骗。

代办信用卡、贷款诈骗。犯罪分子通过发送虚假贷款链接，或者直接拨打受害人电话，诱使受害人下载虚假贷款App，之后通过贷款App内的假客服，以受害人流水不够、信用不够、银行卡账号输入错误等理由，诈骗受害人资金。

冒充客服退款诈骗。犯罪分子通过非法手段获取买家订单信息，之后冒充客服人员，谎称买家的订单存在问题，要给买家退款，再通过手机短信或QQ给买家发送退款链接。一旦买家点击链接并填写信息，犯罪分子就可获取买家的银行卡账号、密码等信息，从而骗取财物。

网友诱导赌博、投资诈骗（俗称"杀猪盘"诈骗）。犯罪分子伪装成"高富帅"或"白富美"，在婚恋网站、社交软件上发布交友信息，诱骗受害人，前期跟受害人聊天、谈感情，时机成熟之后，以各种理由诱骗受害人前往虚假的投资平台或者赌博网站进行投资或赌博，进而骗取受害人钱财。

注销贷款诈骗。犯罪分子冒充银行或贷款公司工作人员，以"不注销之前办理的贷款会影响受害人银行征信"为由，诱导受害人进行汇款，从而实施诈骗。

游戏装备诈骗。犯罪分子在游戏聊天频道、QQ群、微信群中发布买卖游戏装备的广告信息，诱导受害人在虚假游戏交易平台交易。随后，犯罪分子以金额不足需要充值、不能自动发货、交易需要交纳保证金等为由，进一步实施诈骗。

虚假购物诈骗。犯罪分子通过互联网、手机短信等途径，发布二手车、二手计算机等廉价转让信息，一旦与受害人联系，即以缴纳"定金""交易税""手续费"等方式骗取钱财。

伪基站诈骗。犯罪分子利用伪基站发送网银升级、三大运营商的积分兑换通知等虚假链接，一旦受害人单击，其手机上便被植入可以获取其银行卡账号、密码和手机号的病毒，犯罪分子从而进一步实施诈骗。

引诱"裸聊"。犯罪分子通过社交软件与被害人建立联系，步步引诱受害人进行"裸聊"，从而获取受害人不雅照片、视频，以此敲诈受害人。

冒充公检法机关人员。犯罪分子冒充公检法机关人员，以受害人名下的银行卡涉嫌洗钱、贩毒等犯罪行为为由，要求受害人将资金转入"国家账户"配合调查，继而实施诈骗。

冒充领导、熟人。犯罪分子非法获取受害人的电话号码、姓名、虚拟身份信息等资料，以打电话或微信聊天等方式联系受害人，冒充受害人的领导或亲友，要求受害人帮忙转账到指定的银行账户，进而实施诈骗。

（3）高校诈骗的预防措施。

提高防范意识，学会自我保护。同学们要积极参加学校组织的法治和安全防范教育活动，多了解、多掌握一些防范知识。在日常生活中，要做到不贪图便宜、不谋取私利；在提倡助人为乐、奉献爱心的同时，要提高警惕性，不轻信花言巧语；不要把自己的家庭地址等信息随便告诉陌生人；发现可疑人员要及时报告，上当受骗后更要及时报案、大胆揭发，使犯罪分子受到应有的法律制裁。

交友要谨慎，严格做到"四戒"，即戒交低级下流之辈、戒交挥金如土之流、戒交吃喝嫖赌之徒、戒交游手好闲之人。与人交往要保持应有的理智，态度要热情、处事要小心。

服从校园管理，自觉遵守校规。为了加强校园管理，学校制定了一系列管理制度和规定。绝大多数校园管理制度和规定都是为防止闲杂人员和犯罪分子混入校园作案而制定的，有利于维护学生正当权益和校园秩序。因此，同学们一定要认真执行有关规定，自觉遵守校园纪律，积极支持有关部门履行管理职能，并努力发挥出自己的应有作用。

3. 防打架斗殴

目前，在高校发生的治安、刑事案件中，打架斗殴案件占有一定比例，这些案件不像盗窃案件发生得那么多，但都影响很大，严重干扰了学校正常的秩序。

（1）打架斗殴案件的基本类型。

① 因酗酒丧失理智而发生的打架斗殴案件。酗酒可使人的中枢神经系统活动失调，使大脑皮层对皮下中枢的抑制作用减弱或解除，皮下中枢兴奋性加强，因此有的人在醉酒状态下会变得极度放肆、粗暴和缺乏自制力，容易发生各种违法犯罪行为。许多打架斗殴案件就是在当事人醉酒状态下发生的。

② 因失恋而发生的打架斗殴案件。这类案件的发生、发展、激化一般都有较长的渐变过程，随着不良情绪的恶性膨胀，当事人便萌发侵害念头，最终造成恶果。

③ 因报复而发生的打架斗殴案件。在这类案件中，当事人开始往往受到了欺负，或在打架斗殴中吃了亏，但他们不选择运用法律武器来保护自己，或依靠辅导员、院领导和保卫部门来解决，而是怀恨在心、伺机报复。

④ 群体性打架斗殴案件。当前，部分学生具有严重的老乡观念，讲哥们义气，谁被打了，其他人便一哄而上。这类案件的盲目性、群体性倾向比较显著，危害性、影响面也较大。

⑤ 由于心理疾病而产生的打架斗殴案件。这类案件当事人的心理疾病常常源于学习和生活中各种矛盾冲突及压力，此时当事人无法控制自己的情绪和行为，容易做出伤人或自伤的愚蠢事。

（2）如何防止校园纠纷。

① 严格遵守学校各项规章制度，如遵守作息制度、清洁卫生制度、安全保卫制度、精神文明建设制度等。只有大家共同遵守这些制度，才能减少争执、消除摩擦，维持正常的生活、学习、工作秩序。

② 相互谅解，求同存异。不同人之间存在一定的性格差异、语言差异，我们要相互谅解、求同存异，严于律己、宽以待人。

③ 交往中坚持互酬原则。无论在学习上，还是生活中，我们都需要得到别人的帮助与支持。我们通过交往满足他人的需要，又得到他人的报答，同学之间的友谊就能不断得以巩固和发展。这种互相帮助、互相满足的做法便是互酬。

④ 防过量饮酒。饮酒过量，既伤害身体，又影响学业。因此，不饮酒最好，即便非要饮酒，也要适量。

万一发生纠纷或争执，双方都要冷静对待，不激化矛盾，实事求是地向组织反映情况，协助相关部门做好调解工作。

（二）交通安全

这里的交通安全，是指大学生在校园内和校园外的道路上行走、乘坐交通工具时的人身安全。只要有行人、车辆、道路这 3 个交通要素存在，就会有交通安全问题。

1. 大学校园易发生交通事故的主要原因

客观上来说，高校与社会的交流越来越频繁，这使校园内人流量、车流量急剧增加。汽车、摩托车、自行车与行人同时在道路上通行，而校园道路一般比较狭窄，交叉路口没有信号灯管制，也没有专职交通管理人员管理；校园内人员居住集中，上、下课时容易形成人流高峰，致使高校的交通环境复杂。

主观上讲，主要是思想麻痹和安全意识淡薄。一是注意力不集中。这是最主要的形式，表现为行人在走路时边走路边看书边听音乐，或者左顾右盼、心不在焉。二是在路上进行球类活动。大学生精力旺盛、活泼好动，即使在路上行走也是蹦蹦跳跳、嬉戏打闹，甚至有时还在路上进行球类活动，更是增加了发生交通事故的危险。三是骑"飞车"。一般高校校园面积都比较大，宿舍与教室、图书馆等之间的距离比较远，所以许多大学生购买了自行车，课间或下课时骑自行车在人海中穿行。

2. 交通事故的预防

（1）增强交通安全意识。加强对交通安全法规的学习，掌握基本的交通安全常识，不断增强交通安全意识，是避免交通事故最基本的要求。

（2）自觉遵守交通法规。一是在道路上行走时，应走人行道，无人行道时靠右边行走。二是乘坐交通工具时，要等车停稳后，依次上车，不挤不抢，车辆行驶中不得把身体伸出窗外；乘坐长途客车时要选择有正规资质的运营车辆，不要乘坐"黑巴""摩的"等；乘坐火车、轮船、飞机时必须遵守车站、码头和机场的各项安全管理规定。

3. 发生交通事故的处理

（1）及时报案。无论在校外还是在校内，一旦发生交通事故应及时报案，以便于相关部门对事故进行公正处理，千万不能与肇事者"私了"。在校外发生交通事故除及时报案外，还应该及时与学校取得联系，争取学校的帮助。

（2）保护现场。事故现场的勘查结论是划分事故责任的依据之一，若没有保护好现场，会给交通事故的处理带来困难，造成"有理说不清"的情况。切记，发生交通事故后要保护好现场。

（3）控制肇事者。若肇事者想逃离现场，一定要设法控制，自己不能控制时可以发动周围的人帮忙控制，若实在无法控制也要记住肇事车辆的车牌号等特征。

（三）消防安全

高校的大型演艺厅、学术厅、运动场馆、实验室，尤其是学生宿舍，历来是消防安全的重点。这些地方一旦发生火灾，极易造成重大财产损失和人员伤亡。

1. 高校宿舍发生火灾的主要原因

（1）明火引燃：在床上点蜡烛，吸烟者乱扔未熄灭的烟头，焚烧杂物，等等。

（2）乱拉乱接电线：电线因短路或接触不良发热则易引起火灾。

（3）使用电器不当：如电灯泡长时间靠近可燃物烘烤起火；使用电热器时无人监管而烤燃起火；长时间使用电器不检修，电线老化、漏电、短路而起火等。

（4）在宿舍使用大功率电器、劣质电器等。

2. 高校防火的重点区域

（1）视听教室的演播室、计算机中心等所用的吸音材料不少是可燃材料，并且其中安装了碘钨灯和聚光灯等照明设备，易引发火灾。

（2）实验室内储存有一定量的易燃易爆化学危险品，如使用和保管不当，极易引发火灾。另外，在实验中常用明火进行加热、蒸馏等操作，以及使用电热仪器时用电量过大等都可能引发火灾。

（3）学生宿舍、大教室、图书馆、食堂等人员集中的场所一旦发生火灾，极易造成人员伤亡。

3. 火灾的预防

防止发生火灾的关键，是做好火灾的预防。

（1）《中华人民共和国消防法》《高等学校消防安全管理规定》和各级政府、各级公安消防部门制定的消防条例及学校的各项安全管理制度，都是大学生必须遵守的。这些法律、法规和安全管理制度，都是对火灾事故教训的总结，大学生要预防火灾，就必须认真学习掌握、严格执行、自觉遵守。

（2）在教室、实验室、研究室学习和工作时，要严格遵照各项安全管理规定、操作规程和有关制度。使用仪器设备前，应认真检查电源、管线、火源、辅助仪器设备等的情况，如放置是否妥当等，做好准备工作以后再进行操作。使用完毕应认真进行清理，关闭电源、火源、气源、水源等，还应清除杂物和垃圾。涉及使用易燃易爆危险品时，一定要注意按照防火安全规定一丝不苟地进行操作。

（3）在宿舍应自觉遵守宿舍安全管理规定：不在宿舍内吸烟；不乱拉乱接电线；不使用电炉、热得快、电热杯、电饭煲等禁止使用的电热设备；不在宿舍使用明火；不将易燃易爆物带进宿舍；台灯不要靠近枕头、被褥和蚊帐等；不在宿舍内焚烧物品；发现安全隐患及时向管理人员或有关部门报告；爱护消防设施和灭火器材，不随意移动或挪作他用；室内无人时，应关掉电器和电源开关等。

4. 发生火灾的处理

任何一起火灾都有一个从小到大的发展过程，通常分为初起阶段、发展阶段和猛烈阶段 3 个阶段。在初起阶段，火源面积较小，燃烧强度弱，易于扑救，只要发现及时，均能扑灭。

（1）大学生发现的火灾一般在初起阶段，因此当发现起火时不要惊慌失措，要勇敢地以最快速、最有效的办法加以扑灭。

（2）扑救火灾时，应注意先切断火场的电源和气源；同时要注意先转移火场及其附近的易燃易爆危险品，实在无法转移的应当设法降温冷却。

（3）在发展阶段，火势较猛，应立即报火警。打电话时要沉着冷静，讲清起火地点（单位、门牌号）、燃烧的物质、火势情况等；要注意对方的提问，并把自己的电话号码告诉对方，以便联系；挂断电话后，应立即派人在校门口和必经的交叉路口等候，引导消防车迅速到达火场；还应立即向学校保卫部门报告。

（4）如果被大火围困，最重要的是要保持头脑清醒，千万不能慌乱，应根据火势情况选择最佳的自救方案，尽快脱离危险区域。

① 尽快脱离现场。火灾发生后，不要为穿衣、找钱财等琐碎小事而延误宝贵的逃生时间，要选择离火源最远的通道迅速逃脱险境。现场有浓烟时，应尽量放低身体或是爬行，千万不要直立行走，以免窒息。衣服起火时不要惊慌，可立即在地上翻滚以使明火熄灭。

② 选择通道，果断脱离。如果楼梯已起火但火势并不很猛烈，可披上用水浸湿的衣裤或被单由楼上快速冲下。如果楼梯火势猛烈而不能强行通过，可以利用绳子或把床单撕成布条连接成绳子，将一端拴在牢固的门窗或其他重物上，再顺着绳子从窗口滑下。如果火势猛烈、有生命危险，且楼层不高，可以考虑从窗户跳下。跳前应先向下抛一些软质物品，然后用手挟住窗户往下滑以尽量缩小高度，要保证脚先落地。逃离时千万不要乘电梯，以防被困在电梯中。

③ 争取时间，等待救援。当各种逃生之路均被切断时，则应退回室内，采取防烟、堵火措施，关闭门窗并向门窗上浇水，以延缓火势的蔓延。要用多层湿毛巾捂住口鼻做好防护。同时可向室外扔些小东西，夜晚可向外打手电，发出求救信号。

（四）杜绝校园不良网络借贷

近年来，随着互联网技术的不断发展，网络借贷逐渐兴起。一些网络借贷平台开始向大学校园拓展业务，部分不良网络借贷平台采取虚假宣传的方式和降低贷款门槛、隐瞒实际资费标准等手段，诱导大学生消费，许多大学生甚至陷入高利贷陷阱，其合法权益受到严重侵害，这给其学习、生活和家庭造成了严重的不良影响。

在校园不良网络借贷中，"套路贷"的危害尤其严重。"套路贷"假借民间借贷之名，通过"虚增债务""制造资金走账流水""肆意认定违约""转单平账""虚假诉讼"等手段，达到非法占有他人财产的目的。由于"套路贷"隐蔽性强，大学生自我防范意识和相关金融法律知识不足，很容易上当受骗。

要防范和避免"套路贷"，大学生主要需要注意以下几点。

（1）理性消费，养成勤俭节约习惯，不超前消费。

（2）正确认识自身及家庭的消费能力，对金融知识有一定的了解，对网络借贷平台所宣称的低息、高额度、无抵押信贷产品有辨别能力，对可能面对的后果有清醒的认识。

（3）警惕信息泄露，增强个人隐私保护意识，尤其要注意不要将身份证外借他人，避免身份被借用、套用等情况。

另外，为预防落入"套路贷"的陷阱，大学生要做好以下几方面。

（1）尽量通过正当渠道贷款，特别要警惕"空白合同"，切勿从不正规贷款机构借款。签署借条时，一定要核实借款金额，如果对方要求我们填写虚高的金额，我们一定要拒绝。

（2）要树立证据意识，归还借款后一定要将借条等相关凭据讨回并销毁，必要时还可让债权人写下收条，不给犯罪分子反复敲诈勒索的机会。

（3）如果对方提起诉讼，借款人一定要出庭应诉，向法官表明实情，同时向公安机关报案，否则法院可以按照法律规定在我们缺席时做出判决，这就使我们陷入更加不利的境地。

二、学习中的安全及其防范

（一）实践安全

1. 实验室安全防范

大学实验课是检验学生所学知识的一种重要形式，也是培养学生实际操作能力最基本的手段。然而实验室存在着一定的危险性，因此安全问题不容忽视。

（1）初次进行实验前，必须详细了解实验安全管理规章制度及本次实验的安全注意事项，在得到教师允许的情况下，才能进入实验室进行实验。

（2）做实验时思想要集中，严格遵守安全制度与有关操作规定，按照实验步骤认真操作，未经允许不随意改动实验步骤的前后次序，尤其要注意用电安全、危险化学药品安全、易燃易爆物品安全。

（3）仪器设备发生故障时应立即停止使用，并及时报告指导教师，切勿私自拆卸。

（4）一旦发生安全事故，不要惊慌，请积极配合指导教师进行事故处置。

（5）实验结束后，关闭门、窗及水、电、气等阀门，经指导教师检查认可后再离开实验室。

2. 军训安全注意事项

军训是大学生迎接新生活的第一堂课，也是令大学生难忘的一段经历。军训可以锻炼大学生的意志和毅力，但也很苦、很累，大学生要注意安全，保护好自己。

（1）注意军训饮食

正确补充水分。军训期间注意多补充水分，最好是多喝几次，每次少喝一点，这样可减少汗液排出，增强食欲。

合理补充营养。军训期间体力消耗极大，应多吃一些肉类、蛋类，还要注意补充维生素，多吃蔬菜。早饭一定要吃，否则会出现头晕、心慌等低血糖症状。切忌饮酒解乏。

（2）军训期间做好卫生保健

注意个人卫生，按时休息。军训期间要注意个人卫生，衣服要勤洗勤换，保持干净。要按时作息，养精蓄锐，为顺利完成军训打下良好的基础。

谨防"军训病"。各校军训多安排在秋季进行，秋季是疾病多发的季节，同学们要提防感冒、冷过敏、肠胃疾病、中暑、皮肤病等多种常见的"军训病"，同时注意休息，以保证精力充沛，避免产生烦躁情绪。

如果感觉身体不适，实在支持不下去，一定要及时休息，或到医院就医。

3. 实习安全预防

在大学期间，大学生常常要参加一些实习活动，以增强自己的实际动手能力和丰富实践经验，但在实习过程中出现的一些意外伤害事故，往往会给大学生造成巨大的人身伤害。因此在实习时，大学生要始终把安全放在第一位。

首先学习与该实习项目相关的安全知识，不得违反各项安全规章制度，严格按照操作规程操作。要服从实习单位的安排，虚心向技术人员学习，同学之间要互相帮助。工厂不同于学校，有很多危险区域，所以大学生要尽快熟悉环境，避开不安全地段，以免受到伤害。野外劳动时要防雷电，高温下劳动时要防止中暑。

（二）勤工助学与就业安全

1. 勤工助学安全

很多大学生在校期间都会参加一些勤工助学活动，如做家教等。这样大学生一方面可以赚取一些酬劳，增强独立意识；另一方面还可以为将来步入社会积累一些工作经验。但由于社会阅历及自身安全防范意识不足等，大学生容易受到不法分子的侵害。

勤工助学中的常见骗局包括以下几种。

（1）骗中介费。社会上仍存在大量不规范的中介机构，会收取中介费。大学生即使交完费，找到工作仍遥遥无期，或者这些机构找几个做"托"的单位让学生前去联系，但往往不了了之。

（2）收押金。一些用人单位在招聘时，往往收取不同金额的押金或收取身份证、学生证作为抵押物，这是违法的。

（3）保证金。用人单位常在招工广告上列出一些工作比较轻松的岗位或以优厚的报酬等作为诱饵吸引大学生，大学生只需交一定的保证金或者其他一些费用，如服装费、建档费等即可上班。但往往大学生交钱后，用人单位又推脱说目前职位已满，要大学生回家等消息，但往往不会等到任何消息。

（4）骗培训费。一些单位要求大学生在"上岗"前先进行培训，同时要求大学生自己掏腰包付培训费，但在培训后他们往往以尚无岗位空缺等借口进行推脱。更有单位在收取培训费后连所谓的"培训班"都不举办，就已经消失得无影无踪。

（5）拖欠费用。一些不法之徒到处发布招聘信息，利用大学生涉世未深的弱点，先以高薪诱惑，大学生做完工作以后，却迟迟领不到报酬。

（6）骗色。有的娱乐场所以高薪吸引大学生做兼职工作。工种有代客泊车、侍者、伴游，有的甚至是不正当交易，大学生一旦到这些场所"打工"，往往容易误入歧途。

（7）传销。社会上有许多单位以招聘销售人员的名义诱骗大学生，然后让大学生交纳一定的提货款，再让他们如法炮制去哄骗他人，有的大学生在高回扣率的诱惑下，甚至会欺骗自己的同学、朋友。

针对以上骗局，大学生要加强安全防范意识，学习相关防范知识，避免上当受骗；同时要明白，学习是自己的本职，自己应在保证学习的条件下适当从事勤工助学活动，不做伤害别人的事，更不能从事非法活动。

2. 求职安全

针对大学生求职，各种非法黑中介、一些不法分子为了捞钱，使出各种骗术，让大学生防不胜防。大学生求职时容易遇到的陷阱包括以下几点。

（1）收费式。招聘单位会向大学生收取各种费用，如培训费、服装费、保证金、押金等。一般收这类费用的招聘单位规模较小或不正规，大学生交了这些费用很难被退还。

（2）高职位、高待遇式。招聘单位以高待遇招聘高职位人员，但不注明招聘条件，或注明"招聘条件不限"。大学生应聘成功后，招聘单位一般会要求他们从业务员做起，年终时再进行业绩考核，达不到标准不给予高待遇。但一般情况下不会有人达到标准，所以高待遇是不会兑现的。

（3）"储备干部"式，也可以称为"提前画饼"式。招聘单位以招聘"储备干部"的名义，招聘大批优秀的基层员工，实际上该招聘单位根本不需要如此多的"干部"。

（4）体检式。通过招聘单位的初试、笔试、面试后，招聘单位会通知大学生自行去体检，而体检机构往往是偏僻的小医院或诊所，需要他们自费。体检结果出来后，招聘单位会以大学生有各种小问题为借口不录用，然后与体检机构瓜分体检费用。

（5）买资料参加考试式。现在许多招聘单位都会开展笔试，有些销售某类资料的公司就会在招聘前先要求大学生购买资料（书、光盘等）学习，再参加考试。考试的过关标准定得很高，一般人很难达到，这些公司就通过这种形式把资料卖了出去。

（6）骗取中介费式。一些不法中介以大量假的知名企业的招聘信息吸引大学生，让大学生交纳中介费。

（7）窃取劳动成果式。企业在招聘时要求几个大学生共同翻译一份资料或完成一个软件程序的设计，或要求大学生经过调研后做出一个产品的销售方案，等等，不管大学生做出的成果如何，企业都会以未达到要求为由而不予以录用。但实际上，大学生已免费为该企业完成了一项工作。

（8）虚假夸大宣传式。宣传的工作岗位和工作内容与实际情况不符；或者招聘人员只讲对大学生有利的信息，不讲不利的信息。

（9）抢劫勒索式。是指企业以更换面试地点的名义把求职者骗到偏僻地点或酒店房间，实行抢劫和勒索。

为维护大学生的合法权益，保障大学生人身财物安全，增强安全意识和自我防范能力，广大大学生在求职过程中要特别注意以下几点。

（1）招聘信息的真实性。大学生应仔细鉴别招聘信息及招聘公司的真实性，应尽量通过正规途径（如学校就业指导中心、当地的人事局、人才市场）获取招聘信息，尽量选择信誉佳的公司应聘。对于那些并不熟悉或没听说过的小公司，应聘前应通过多种渠道求证。

（2）求职过程中的安全。大学生在求职过程中要与班主任或辅导员保持联系，要冷静思考接到的面试通知，应注意事先明确面试时间和地点，问清对方的办公地址和固定联系电话，若招聘单位只有手机这个单一的联系方式，要高度警惕，谨防上当受骗。到异地求职的大学生更要增强防范意识，尤其是女大学生，最好结伴同行。切忌到不明确或存在安全隐患的地方面试。

（3）加强个人信息保护。不要随意发放自己的简历，特别是不要向招聘方式不合规范的单位投递简历；在个人求职材料上最好不要留家庭电话，只提供手机号码和电子邮箱，固定电话可以提供辅导员或院系负责就业工作的老师的办公电话；在网上登记注册个人信息时，应选择一些信息监管较规范、知名度较高的大型人才招聘网站。如果大学生在就业过程中被侵权，应及时与有关部门取得联系，以便获得帮助。

3. 谨防传销陷阱

传销，是指组织者或者经营者发展人员，通过对被发展人员以其直接或者间接发展的人员数量或者销售业绩为依据计算和给付报酬，或者要求被发展人员以交纳一定费用为条件取得加入资格等方式牟取非法利益，扰乱经济秩序，影响社会稳定的行为。

（1）传销的危害性

传销和变相传销不仅严重扰乱社会正常的经济秩序，而且严重危害社会稳定，对诚信体系和社会道德体系也造成了巨大破坏。

首先，传销扰乱市场经济秩序，侵害多个法律客体。传销和变相传销等违法活动往往伴随着偷税漏税、制假售假、走私贩私、非法集资、非法买卖外汇等大量违法行为，这不仅违反国家禁止传销和变相传销的规定，还违反了税收管理、消费者保护、市场秩序管理、金融管理、外汇管理等多方面的法律规定。

其次，传销给参与者及其家庭造成伤害。传销和变相传销给参与者造成经济损失的同时，给其家庭也造成巨大伤害。

再次，传销往往引发刑事犯罪，给社会稳定带来危害。传销使绝大多数参与者血本无归，一些人员流落异地，生活悲惨，甚至跳楼轻生，还有一部分人员参与偷盗、抢劫、械斗、强奸、卖淫、聚众闹事等违法犯罪行为，给人民生命财产安全和社会稳定造成严重侵害。

最后，传销会对社会道德、诚信体系造成巨大破坏。由于传销人员发展的对象多为亲属、朋友、同学、同乡、战友，且往往不择手段，这导致人们之间信任度严重下降，道德严重败坏。

（2）传销五大伎俩

伎俩之一：传销的利润来源不是销售产品而是下线入会的费用。传销组织中等级严格，一般分为会员、推广员、培训员、代理员和代理商 5 个等级。根据每个人发展的下线多少来确定等级并按比例提成，发展的下线越多，等级越高，提成越多。

伎俩之二：暴力与精神双重控制。传销实际上是有组织的犯罪活动，这是因为传销组织往往采取暴力和精神双重控制，使参与者很难逃脱。不少人被"洗脑"后深陷其中，不能自拔，对传销和变相传销理念深信不疑。除此之外，传销组织还逼迫参与者发展下线，诱骗朋友、同学加入。

伎俩之三：没有商品的"销售"。非法传销活动通常都是无商品的销售，就是俗称的"拉人头"销售。传销组织以传销人员骗来多少人为依据进行计酬，所谓的商品只是一个幌子。

伎俩之四：利用互联网进行传销和变相传销。诈骗手法与其他相同，但范围扩大，受害面扩大，趋向国际化。

伎俩之五：以介绍工作为由骗取大学生加入传销组织。传销组织以招工为由，利用大学生积极向上、渴望成功的心态，以及利用"好工作""高收入""平等""关爱"等噱头，诱惑大学生加入传销组织，再采取限制人身自由等手段，导致一些大学生迷失于传销漩涡中。

（3）大学生怎样抵制传销

首先，要树立正确的人生观与择业观，提高对非法传销的"免疫力"。面对非法传销者"快速致富"的花言巧语，我们一定要时刻保持警惕。天上不会掉馅饼，财富是创造出来的，幸福是用汗水换来的，我们只有把个人的发展理想融入国家的发展需要之中，辛勤付出而不是投机取巧，才能取得辉煌的成就。

其次，平时应多看一些关于国家打击传销的报道，并与同学讨论预防的策略。大学生群体由于普遍缺乏社会经验、思想单纯，很容易成为传销组织的目标，所以大学生首先要认识到传销的危害及特征，才能自觉予以抵制。

最后，与人交往要谨慎，不要轻易相信别人。传销组织主要依靠下线缴纳的高额"入门费"维系运作，以发展下线的多少作为计酬标准，传销人员为实现"暴富"美梦，会不择手段地诱骗他人加入，不管是陌生人，还是朋友、亲戚、家人，他们都不会放过。所以大学生在与人交往时，要时刻保持警惕，千万不要轻信别人；发觉受骗后要及时报案，大胆揭发，使犯罪分子受到应有的法律制裁。

参考文献

[1] 刘超, 田向国. 以人为本理念下高校新生主题教育研究 [J]. 教育理论与实践, 2017, 37（18）:9-11.

[2] 林立涛. 全过程育人视阈下大学新生适应性教育探析 [J]. 学校党建与思想教育, 2018（24）:72-73, 78.

[3] 刘德才. 加强大学新生适应性教育的三个着力点 [J]. 思想理论教育导刊, 2020（3）:150-153.

[4] 赵丽雯, 曹美兰. 本科教育质量提升视角下高校新生教育审视 [J]. 江苏高教, 2021, 245（7）:98-102.

[5] 高尚, 佐一男, 刘鸿畅. 论大学新生思想政治教育实效性的提升 [J]. 学校党建与思想教育, 2021, 647（8）:26-28.

[6] 蔺旭鹏. 高校新生适应性教育: 内涵意蕴·现实困境·实践路径 [J]. 中学政治教学参考, 2022（28）:40-43.

[7] 潘威. 基于学分制的网上选课系统功能设计分析 [J]. 江苏第二师范学院学报, 2017, 33（6）:95-97.

[8] 魏晓俊. 国内外网络教育平台发展现状分析研究 [J]. 学理论, 2012, 607（1）:144-145.

[9] 赵明贤, 曹宇星. 论我国网络教育的现状、优势、存在的问题及对策 [J]. 教育现代化, 2018, 5（34）:89-90, 111.

[10] 程晓军, 李由. 大学生网络教育安全现状探究 [J]. 百科知识, 2019, 762（30）:15-16.

[11] 高莹. 谈当前辅导员如何利用网络资源开展大学生思想政治教育 [J]. 辽宁师专学报（社会科学版）, 2022, 141（3）:135-137.

[12] 代玉启. 新时代青年理想信念教育的境遇与理路创新 [J]. 思想理论教育导刊, 2022（5）:110-116.

[13] 吴云志, 于洋. 青年理想信念教育常态化制度化的三维探析 [J]. 思想理论教育导刊, 2022（1）:7.

[14] 綦蔓宇. 新时代大学生心理健康及校园文化建设探究 [J]. 教育研究,

2022，4（12）:68-69.

[15] 陆林召. 全媒体时代高校思想政治教育话语权建构的多维审思 [J]. 江苏高教，2022（3）:92-96.

[16] 玛依拉·阿布力哈克. 大学校园加强公共安全教育的有效策略分析 [J]. 教育研究，2021，4（3）:7-9.

[17] 倪志宇，白金，李卫森. 高校劳动教育课程的体系建构 [J]. 中国高等教育，2022（1）:36-38.

[18] 尹弘飚，史练，杨柳. 中国大学生学习与发展研究（2015—2019）:主题、方法与评论 [J]. 华东师范大学学报（教育科学版），2020，38（9）:179-199.

[19] 牛亏环. 大学生学习过程评价的现状、问题及对策——基于全国 16 所本科高校的调研 [J]. 大学教育科学，2017，166（6）:42-49.

[20] 刘一鸣. 中美大学生学习能力比较及培养途径 [J]. 教育理论与实践，2016，36（36）:62-64.

[21] 吕林海. 迈向更广阔的视域：大学学习研究的发展趋向 [J]. 教育发展研究，2022，42（23）:3.

[22] 闫建璋，朱豆豆. 深层学习视域下的大学有效教学策略 [J]. 现代教育管理，2020，362（5）:116-121.

[23] 田力，董薇. 就业育人视域下的大学生职业发展教育初探 [J]. 中国大学生就业，2023（5）:58-63.

[24] 许世彬. 高校毕业生就业创业工作问题及对策分析 [J]. 中国大学生就业，2023（2）:31-36.

[25] 吕冰. 高校毕业生就业新趋势及应对策略 [J]. 中国大学生就业，2023（1）:3-8.

[26] 李红霞，张建武，刘丽丽，等. 职业生涯规划对大学生高质量就业的影响——基于 23 所高校 2019 届、2020 届本科毕业生的分析 [J]. 中国劳动关系学院学报，2022，36（6）:46-59.

[27] 刘岳，侯佳琳，任增元. 我国大学生职业生涯规划理论基础及当代实践探索 [J]. 现代教育科学，2022（2）:54-59.

[28] 孟祥敏. 大学生职业生涯规划影响因素研究——基于长三角 9 所高校的调研数据 [J]. 中国青年社会科学，2020，39（4）:94-102.

后 记

党的十八大以来，党和国家事业取得了历史性成就，发生了历史性变革，高等教育改革发展阔步向前。2022 年，党的二十大胜利召开，开启了全面建设社会主义现代化国家新征程。为及时将党的二十大精神融入教材，将党和国家对当代大学生成长成才的殷切期盼、将高等教育改革发展的最新成果体现在本书中，坚持以习近平新时代中国特色社会主义思想铸魂育人，结合新时代、新形势下的青年发展需要，本书编写组对本书进行了第三次修订。本书编写组集中了西南科技大学学生教育管理一线的众多教师和管理人员，凝聚了全体编写人员和审读专家的心血。本书由张强、陈玉芳、廖成中、周凤生任主编，钟一鸣、王娇任副主编。张强、陈玉芳主审了本书，廖成中，周凤生组建了编写团队并统筹协调，廖成中执笔序和后记，钟一鸣、王娇对全书进行了统稿。各章编写分工如下。第一、第二讲：王娇；第三、第四讲：钟一鸣；第五、第六讲：辛婷；第七、第八讲：徐春霞；第九、第十讲：唐逸。

限于水平，书中难免存在一些不足和疏漏，诚恳广大读者给予批评指正。